知らない人だけが損している

「給与明細」のカラクリ

梅田泰宏

青春新書
INTELLIGENCE

はじめに——給与明細書が読めると税金で損しなくなる

自分の給与明細、毎月しっかり確認していますか？

月々どれだけ給料をもらっていて、手取りがどれくらいかは把握していることでしょう。

でも、所得税などの税金や、健康保険・厚生年金などの社会保険料がどれくらい引かれていて、前月と比べてどうなのか、きちんと確認している人は少ないように思います。

ましてや、給与明細は他人と比べたりしないので、引かれている金額が多いのか少ないのか、引かれすぎたりしていないのか、わからない人がほとんどではないでしょうか。

引かれるものの一つに個人住民税があります。住民税は多くの場合、（住民税計算の年度が替わる）5月と6月では金額が違います。健康保険料なども9月で変わります。

そして、それらの金額がどのように決められているかを知っておけば、ただ引かれるがままにならず、引かれる額を抑えて手取りを増やせるようにもなるのです。

所得税も同じです。そもそも、自分の所得税率をご存じでしょうか？

自分の所得税率を知っていると、たとえば、ｉＤｅＣｏ《イデコ》に毎月１万円投資したら、結果的にいくらくらいの節税になるかがすぐに頭の中で計算できます。

でも、給与明細や年末にもらえる源泉徴収票を見ても、自分の所得税率は書かれていません。税金や社会保険料がどのように決められているかも書かれていません（会社でもまず教えてくれません）ので、引かれる額に差が出る理由がわからない人がほとんどでしょう。

逆に言うと、そのしくみを知っているかどうかで、同じ給料をもらっていても手取りに差が出るということでもあります。

そこでこの本では、毎月の給与の総支給額（額面）が、実際の手取りになるまでに、何がどう引かれ、それがどう増えたり減ったりするか——そのしくみを解説しました。

わかりやすく解説するにあたって、日頃、クライアントさんやプライベートで会う方々から実際によく尋ねられる質問をもとに、二人のサラリーマンに登場してもらい（お金にうとい高橋君と、しっかりものの金子君）、高橋君の質問に私が答える形で展開しています。対話を通じて、税金や控除《こうじょ》への理解が深まっていく内容になっています。

低成長の時代、かつてほどの給料アップが望めない企業や業界もあるでしょう。そんな時代に自分の生活を守る基礎知識として、本書がお役に立てば幸いです。

公認会計士・税理士　梅田泰宏

いままで比べたことがなかったから
気づかなかったけど、
同じ基本給でも手取りが大きく違っていたなんて……

——プロローグ

いつもどおりのオフィスだった。資料のプリントアウトが完了するのを確認し、複合機の前まで行ってプリント物に手を伸ばしたそのとき、自分が刷り出した紙とは別に、置き去りにされた紙があるのに気づいた。それは誰かの給与明細！

ん、誰のだ？　あ、金子のだ……。

金子は、僕、高橋と同い年で同期入社、14年目の35歳。学歴も、社内でのキャリアも似たり寄ったりなら、役職も同じ係長。妻あり、子どもなし。そこまで同じだ。

僕の会社ではWeb勤怠《きんたい》管理システムが導入されており、給与明細は各自ネットで確認するしくみになっている。いつでも画面で見られるので、僕などはプリントアウトなんてしないのだが、お金にきっちりした性格の金子なので、きっと印刷した紙を自宅で保管するつもりなのだろう。

それはいいとして、こんな「個人情報中の個人情報」を共有の場所に置きっぱなしにするなんて、几帳面な性格のようで結構ルーズなところもあるんだな……と思って金子を見てみると、どうやら突発的なトラブルに巻き込まれているようで、あちこちへ電話をしている。それで印刷した給与明細のことを忘れてしまったのか。

そのまま放置してはさすがに金子が可哀想だと思って、同期のよしみもあり、こっそり持っていってあげようと、プリントアウトされた給与明細をつかみあげたその瞬間、

えっ……！

僕は急いで自分のデスクに戻り、パソコンを開いてさっき確認した自分のＷｅｂの給与明細をもう一度開いてみた。やっぱり、いつもと同じ「差引支給額23万３１４０円」とある。うちの会社は何年か前から、何時間残業したかにかかわらず「定額時間外手当」として支給されるようになったので、給与明細は毎月代わり映えしない数字が並んでいる、はずなのだが……。

恐る恐る金子の給与明細をもう一回チラ見すると、

差引支給額25万８１８１円！

な、なぜ……？　同期入社の金子のほうが手取り額が多い。それも2万５０００円も違

う。一年にしたら30万円も変わってくるなんて……えっ、どういうこと???


少しめまいがしてきた。

おかしい。役職も同じで、同じ部署だから仕事内容も同じ。最近、金子が仕事でとくに目立った成果を上げたわけでもない。それなのに、どうしてだ???

納得がいかないまま、ちょっと悪いなと思いつつも、職場の同僚が誰もこっちを向いていない隙に、スマホで金子の給与明細をこっそり写真に収めさせてもらった。

そして、電話に向かって必死にお辞儀している金子のデスクに、さも親切な人をよそおって、裏に向けてそっと伏せて置いた。

僕に気づいた金子は、それがプリントアウトした自分の給与明細だとわかったようで、片手で受話器を持ちながら、「スマン」と目配せして片手を上げた。

＊

「高橋、さっきはありがとう」

トラブルがいったん落ち着いたようで、金子が僕のデスクのところまでやってきた。

（図表 0-1）同じ給料なのに手取り額が違う…!?

高橋君の給与明細

社員NO　0001
高橋 太郎　殿
3年○月度
給与明細書
支給日　3年□月△日

支給

基本給	役職手当						手当額計
250,000	20,000						20,000
定額時間外手当	時間外手当計	税法上支給額					
30,000	30,000	300,000					

総支給額
300,000

控除

健保・介護	厚生年金	雇用保険	社会保険料計	課税対象額	所得税	住民税	
14,760	27,450	900	43,110	256,890	6,750	17,000	

控除合計
66,860

勤怠

所定勤労日	出勤日数	欠勤日数	所定労働時間				
22	22	0	176				

差引支給額
233,140

金子君の給与明細

社員NO　0002
金子 一郎　殿
3年○月度
給与明細書
支給日　3年□月△日

支給

基本給	役職手当	家族手当					手当額計
250,000	20,000	15,000					35,000
定額時間外手当	時間外手当計	税法上支給額					
30,000	30,000	315,000					

総支給額
315,000

控除

健保・介護	厚生年金	雇用保険	社会保険料計	課税対象額	所得税	住民税	
15,744	29,280	945	45,969	269,031	4,050	6,800	

控除合計
56,819

勤怠

所定勤労日	出勤日数	欠勤日数	所定労働時間				
22	22	0	176				

差引支給額
258,181

注）計算の簡略化のため社会保険料算出の際、通勤手当を入れていません。

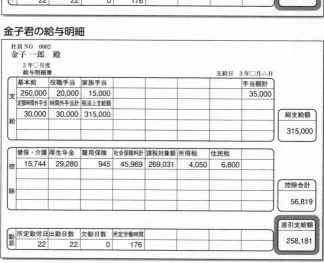

「おお、金子。給与明細をプリントしたまま置き忘れるなんて、よっぽどパニクってたんだな」

「いやあ、まいったよ。給与明細、ありがとう」

「……あのさぁ、悪いんだけど、ちょっと中身を見ちゃったんだ」

「かまいやしないよ。どうせ一緒の安月給なんだから」

「……それがさあ、一緒じゃなかったんだよ。手取りで2万5000円違ったんだ。今、ちょっとショックを受けているところだ」

「えっ？　どっちが多いの？」

「そりゃ、金子だよ」

金子は「そうなんだ〜」と言いながら、自分のデスクに戻って、引き出しにしまっていた給与明細を持ってきて、広げて見せてくれた。僕ももう一度パソコンの画面を出してふたりで見比べてみた。

「基本給」も「役職手当」、「定額時間外手当」も一定額で同じ。通勤手当は半年に1回、半年分の定期券代を支給するしくみなので、今月の明細には記載されていない。

「支給」欄で違うところと言えば、金子には「家族手当」が1万5000円付いているところだけ。

「ああ、ここか。うちのヨメはパートで働いているけど、1年で103万円を下回るようにして扶養扱いにしてるから、会社から家族手当が出ている。きっとその差だな」

金子は合点したように言うのだが、そうだとしても、まだ1万円も差がある。

よく見ると、「控除」の欄の「所得税」と「住民税」の金額が大きく違う。

家族手当の分だけ金子のほうが給料を多くもらっているのに、税金は金子のほうが大幅に安い。自分より多くもらっている金子のほうが税金が安いってどういうことだ？

「ああ、これ、iDeCoや生命保険に入っているからかな？　いや、あれは年末調整で返ってくる分だから関係なかったっけ。あっ、そうだ。ヨメだけでなく母親も扶養の対象にしてるから、税金が安くなってるんだ。去年は母親の医療費がけっこうかかったから、それも大きかったかも」

「ちょっ、ちょっ……え、何それ何それ？　そんなにいっぺんに言うなよ。そもそも、金子はお母さんと同居してるんだっけ？」

「いや、してないよ。でも扶養にできるんだよ。……ああっ！　もうこんな時間だ。ごめん。そろそろ出かけなきゃいけないいんだ。iDeCoや生命保険に入っていたり、扶養控除を利用したりすると、所得税や住民税を安くできるんだよ。高橋の奥さんもパートで働いているんだったら、配偶者控除を受けられるんじゃないかな？　ふるさと納税も利用価値は高い。ま、自分で研究してみるといいよ。じゃあ、行ってくるわ」

怒濤《どとう》のようにあふれ出た金子の言葉、僕にはそのほとんどが意味不明だった。謎の呪文を唱えて、金子は去っていった。

どうやら給料や税金のしくみを知らず、自分の給与明細に書かれた情報を十分に理解できないために、キャリアも役職も家族構成も基本給も同じはずの金子と比べて、年間で何十万円単位で損をしているのではないか――そんな疑念が浮上した。

そう思うと、いてもたってもいられず、この疑念を解決しない限り、仕事が手に付かない。

あ、そうだ。梅田先生に聞いてみよう。もうずっと前に趣味のＳＮＳグループでつながっている梅田先生は、公認会計士であり税理士でもある税のスペシャリストだったはず。定期的にやっている飲み会では、お互いにいつも仕事の話抜きで楽しく飲む関係だけど、今回ばかりは少々無理を言ってお願いしてみよう。

この日の出来事を率直に書いて梅田先生にダイレクトメールを送ると、早速、返信が届いた。

「では、今度の飲み会の前に近くの喫茶店でお会いしましょうか。そのとき、給与明細と昨年の源泉徴収票を持ってきてくださいね」

ここまで来たらとことん知りたい。

そして、まだ暑さの残る初秋のその日、梅田先生との「秘密のお茶会」に臨んだ。

「給与明細」のカラクリ　目次

目次

第2章

同じ基本給でも年30万円以上、手取りに差がつく秘密

――うまくやっている人は知っている「源泉徴収」のしくみ

第3章 取られすぎた税金を確実に取り返す！
――iDeCo、各種控除を上手に活用する「年末調整」の知恵

第4章

頭のいいサラリーマン、ひとつ上の節税術

――ふるさと納税、医療費……「確定申告」で所得税・住民税をダブルで下げる

付録2 定年退職・失業、病気、介護……イザというときに使える「手当・給付」 182

協力　税理士法人キャッスルロック・パートナーズ所属
税理士・野長瀬広治
編集協力／菅野　徹
DTP／エヌケイクルー
※本書で紹介する情報は2021年5月末現在のものです。

第1章

30万円の給料が手取り23万円に減るのはなぜ？

――知らずに損している「給与明細」のカラクリ

◇損しない生き方は給与明細のチェックから

梅田（以下省略）　高橋さーん、こっちです！

――あ、梅田先生。お待たせしてしまってすみません。

私も今来たところです。お元気そうですね。

――ええ、健康だけが取り柄です。今日は貴重なお時間をありがとうございます。

かまいませんよ。それより、高橋さんとのお付き合いもかなり長いのに、会うのはいつもオフ会の居酒屋ばかりだったので、カフェで会うのは新鮮ですね（笑）。

――そう言っていただけて、少しホッとしました。

ほかならぬ高橋さんのお悩みですから、私で役に立つのならなんでも聞いてください。では、さっそく給与明細の見方からお話ししましょうか。持ってきました？

――はい、これです。とても恥ずかしいです……。

まあ、お医者さんに体を見てもらうようなものだと思ってください（笑）。今回は職務ではないですが、もちろん秘密は厳守しますのでご心配なく。

――それと問題の同期の金子の給与明細をこっそり写真に撮ったのが、このスマホに入ってます。ちょっと後ろめたかったですが、給与明細を見られても金子は気にしているそぶりもなかったので、問題はないかと。

こっそり撮ったというのは聞かなかったことにしておきましょう（笑）。

さて、はじめに理由と目的をはっきりさせておきましょう。今回高橋さんは、同期で同条件のはずの同僚の給与明細を見て、手取りの違いにショックを受けた……と。

——そうです。私より手取りが多かったんです。

なるほど。それで、その理由が知りたいんですね。

——そうなんです。梅田先生、できることなら私も手取りが増えるようにしたいんです。

わかりました。では、「どうすれば手取りが多くなるか」というテーマで、給与明細の見方を説明していきますね。

そこでひとつ聞きたいのですが、高橋さんは給与明細をもらったら、毎回しっかり内容を確認していますか？

——うーん、今まではあまりしていませんでした。「ああ、こんなもんか」くらいで。

それはよくないですよ。どこかの数字が変わってても気づかないじゃないですか。それに、出勤日数とかの数字が間違っていることもありますから。いや、私はそれを計算する側の立場なので、もちろん間違いのないようにチェックしていますよ。機械化も進んでいますが、人間がやる部分も残っていますから、「絶対」はあり得ません。スーパーで買い物をしたら、レシートを確認するでしょう?

――ああ、それもあんまりしないかも……。

なるほど。高橋さんは人がいいんですね。それがいいところでもありますが、他人を信用しすぎてはいけません。

気づかないところで損をしていた可能性だってありますよ。意図的でなくても、ミスは誰にでも必ずありますので、給与明細は毎回チェックするのが基本です。

――そうですね。これからはしっかり見る習慣をつけます。

総支給額(額面)や差引支給額(手取り)だけでなく、税金とか社会保険とかはせめて前の月と同じかどうかを確認しましょう。

◇「勤怠」欄は給与計算の基本データ

さあ、ではさっそく給与明細を見ていきましょうか。給与明細は、会社によって多少の違いがありますが、だいたい、「勤怠」、「支給」、「控除」の3要素によって成り立っています。それぞれの意味はわかりますか？

――え、ええ、たぶん……。

「勤怠」は計算の元となる労働実態のデータ。「支給」は会社が支払うお金のこと。そして「控除」は給料から自動的に「天引き」されるお金のことです。

支給から控除を引いたものが「差引支給額」、いわゆる手取り。これが給与明細の基本のキです。だから手取りを多くしたいのなら、支給を増やすか、控除を減らすかすればいい。ここまではいいですよね？

――はい、わかりやすいです。

「勤怠」の項目としては、出勤日数、欠勤日数、労働時間、残業時間などがあります。有給休暇の消化日数や、残り日数（残高）が書かれていることも多いです。

日給や時給であれば、こちらに記載される計算期間の労働時間をもとに給与計算をします。月給の場合でも、欠勤があれば日割り計算をして、減給することになります。

このように給与計算の基礎データが書かれているのが「勤怠」です。実際の勤務実態と合っているかを確認すればＯＫです。

◇「基本給」には定義がなかった

では次に、「支給」の要素を説明しますね。……というか、まずは「説明できない」ってことを説明します。

——どういうことですか？

支給についての決めごとのほとんどは、会社によってバラバラなので、こういうものですっていう説明ができないんですよ。どうしてそういうことになるのかというと、給料について定めた法律がとってもさっぱりしたものだからなのです。

法律上は、労働の対価として支払われるお金は「賃金」という言葉で統一されています。賃金について定めた法律をざっくりまとめると、「最低賃金以上の金額を、現金できちんきちんと支払わなければいけないよ。あと、取り決めた時間以上に働いてもらうときは、割増賃金を支払わないとダメだよ」ってことくらいしか書かれてない。

だから、一般的に使われたり、給与明細に書いてあったりする言葉、たとえば「給料」、「月給」、「給与」、「基本給」、「手当」、「賞与（ボーナス）」、「支給額」といった言葉に、法律的な定義はないんです。

――ええ？　そうなんですか？

そうなんですよ。ということは、それらの言葉が何を指しているのか、どういう根拠で計算するものなのかは、会社によってバラバラなんです。それだけに、「じゃあ、それって結局いくらなの？」というところに注意しないといけません。

――会社によってバラバラといっても、ある程度、常識的なことはありますよね？

うーん、まあそうですね。「賃金＝基本給＋手当」というのは、「共通語」でいいと思います。それから、「基本給＝賃金の核となる部分で、簡単に減らせないもの」とか、「手当＝何か理由があって基本給に付加する部分で、理由がなくなれば削減される」という認識は共通のものだといえますね。

さて、基本給と手当の話は、もう少し深い部分もあるので、あとで時間があったらもう少し突っ込みましょう（34～38ページで詳述）。とりあえず今の段階では、「賃金＝基本給＋手当」とだけ押さえておいてください。

◇「手当」をもらっている人のほうが税金・社会保険料が安くなる？

では、「手取りを増やす給与明細の見方」というテーマに戻ります。

（図表 1-1）支給額の違いは「家族手当」だけだが…

●高橋君の給与明細の「支給」欄

支給	基本給	役職手当						手当額計	
	250,000	20,000						20,000	
	定額時間外手当	時間外手当計	税法上支給額						総支給額
	30,000	30,000	300,000						300,000

●金子君の給与明細の「支給」欄

支給	基本給	役職手当	家族手当					手当額計	
	250,000	20,000	15,000					35,000	
	定額時間外手当	時間外手当計	税法上支給額						総支給額
	30,000	30,000	315,000						315,000

あらためて、高橋さんの給与明細と金子さんの給与明細を見比べてみましょう。とくに、「支給」のところですね。

ふたりの給与明細が違うのは「家族手当（扶養手当）」の1万5000円。これだけですね。先ほども言ったように、この家族手当も会社が独自で決めている制度なんです。高橋さんは、どういう制度か把握していますか？

――実はよく知りませんでした。金子に聞いたら、就業規則くらい読めと言われました。

それは正論（笑）。その冊子が就業規則ですか？　ちょっと見せてください。ああ、賃金規定に、会社で決めている諸手当についてしっかり書いてありますね。

高橋さんの会社の場合、家族手当は年収１０３万円未満の配偶者、および子ども一人につき1万５０００円と定めてあります。高橋さん、金子さんの奥さんの年収ってわかりますか？

――金子の奥さんは１０３万円を超えないようにしているって言ってました。うちのは１５０万円ちょっとです。

なるほど。となると、この1万５０００円の差は、まさに奥さんの働き方の差ということですね。

さて、金子さんは、この会社独自のルールを上手に活用して、高橋さんがもらっていない1万５０００円の家族手当をゲットしていました。

でも考えてみてくださいよ。1万５０００円が12カ月分ですから、年収としてはたったの18万円ですよね。それに対して、高橋さんの奥さんは年収が50万円も多いんですよ。それだったら、夫婦の合計年収で比べれば、高橋さん夫婦のほうが32万円も多くもらっているじゃないですか。

――えっ？　ああ、そうか。なんか給与明細だけ見て、つい損してるって反応してしまいましたが……。

そうでしょう？　夫婦単位なら、高橋さん夫婦の収入のほうが多い。それだけたくさん働いているんですから。

――よく考えたら、そりゃそうです。当たり前の話ですね。

と言いたいところなんですが……。

――なんなんですか、梅田先生（笑）。上げたり下げたり、やめてくださいよ！

ごめんなさい。高橋さんがあんまり素直だからついつい面白くて（笑）。そう簡単な話ではないんですよね、残念ながら。

――どういうことですか？

高橋さんの奥さんは、給与所得が130万円を超えているために、支払わなければならないものも増えてしまうんです。一番大きいのが社会保険ですね。「健康保険料」、「厚生年金保険料」、「雇用保険料」。あと40歳になったら「介護保険料」も引かれます。2021年の東京都だと、月1万8000円くらいになると思います。12カ月分なら21万6000円。

同じように計算していくと、おそらく所得税が年間1万3000円くらい、個人住民税が年間で3万3000円くらいになります。税金の合計が年間で約5万円くらいですね。

（図表 1-2）パート収入「103 万円の壁」「130 万円の壁」の現実

●高橋君の奥さんの収入の概算

パート収入　社会保険料　税金

約150万円 − 約21万6000円 − 約5万円 = 約123万円

●金子君の奥さんにかかわる収入の概算

パート収入　家族手当

100万円 + 18万円* = 118万円

わずか５万円の違い

*実際には家族手当はご主人（金子君）の収入になります。

社会保険と合わせると27万円くらいになります。

すると、金子さんの奥さんよりたくさん働いたおかげで、高橋さんの奥さんの年収のほうが32万円多かったはずなのに、32万引く27万円で、結局５万円くらいの差しかなくなってしまいました。

——50万円分も多く働いたのに……。金子の奥さんは健康保険料とか所得税とか、かからないんですか？

そうなんですよ。１０３万円未満なら、社会保険は金子さんの扶養に入るのでゼロ（少額の雇用保険はかかるケースがあります）、税金もゼロです。それどころか、ご主人が会社から18万円余計にもらえちゃうというルールです。

——なんだか納得いかないです。

私もそう思いますよ。でも、そういうルールだからしかたないですよね。原則として給与収入が年

103万円を超えると所得税・住民税が発生し、130万円を超えるとさらに本人が社会保険料を支払わなくてはならなくなるので、130万円を少し超えるくらいの年収が一番割を食うことが多いですね（99～104ページで詳述）。もし、もっとスッキリしたいのなら、高橋さんの奥さんは、もっといっぱいドカーンと稼ぐのも手ですよ。そうすれば文句なしで金子さん夫婦より収入が多くなります。

——たしかにそうですね。妻に聞いてみます。

◇基本給が多くて手当が少ない会社とその逆の会社、どっちが得？

給与明細にあるその他の手当についても説明しましょう。まず、「役職手当」ですね。これも思いっきり会社独自のルールです。おふたりの役職は係長ですか。同じ2万円ずつ付いています。

——これも賃金規定に書いてありました。課長が5万円、部長が8万円か。

まあ、手当だけじゃなくて、昇進すれば基本給も定額時間外手当も上がるんでしょうね。

——そうなんですかねえ？

私の印象では役職手当は設けている会社が多いみたいですね。ただ金額はいろいろですね。社内試験とか社内資格があって、細かく等級を区切る会社もあります。

それを基本給に反映させるか、手当として支給するか、そこも会社の考え方ひとつで違ってきます。

高橋さんの会社は、手当の種類が少なくてサッパリしていますね。つまりそれは、給料の核である「基本給」を充実させようという考え方なんだと思います。それはそれでわかりやすくて、とてもいいと思います。

その一方、「手当」を充実させようという考え方の会社も存在します。「職能手当」、「(特殊）技術手当」、「資格手当」、「プロジェクトリーダー手当」……なんだって会社で決めたらいいわけですよ。

——まったく自由なんですね。

どちらかというと「能力給」みたいな考え方を反映させようという会社は、「手当」を厚くする傾向があります。本来それは会社の個性であって、どちらがいい、どちらが悪いってことはないはずなんですが。

——ですが……？

ちょっとずる賢い「手当の使い方」をしている会社があるのは事実ですね。高橋さんの会社はまったくそうではありませんが。

——どんなふうに手当を使うのですか？

簡単にいうと、基本給を低く抑えて、ボーナスや退職金を抑えるというやり方です。さっきも言ったように、一般的には基本給の定義もなければ、手当の定義もないので、基本給の割合が多めの会社と少なめの会社があります。

たとえば、求人票に「賃金」は明確に記載する義務があるけれど、その内訳までは書かなくてもいい。たとえば「月給20万円　昇給制度あり　賞与あり（前年実績＝基本給4カ月分・年間）」という求人票があったとします。

——求人広告などでよく見ますね。

そう書いてあれば、「ボーナスは、20×4で年間80万円だから、夏・冬40万円ずつ」って思いますよね？

——もちろん思います。違うんですか？

たぶん違うと思うんですよ。よく見てもらうと気づきますが、わざわざ「月給」と「基本給」と違う言葉を使っているので、おそらく別モノだろうと推理できます。

——それって、あえて使い分けてるんですよね？

おそらくそうです。基本給に「○○手当」を加えたものを月給と呼んでいるのだろうなと考えられます。それは「基本給15万円＋技能手当3万円＋住宅手当（一律）2万円」かもしれませんし、「基本給10万円＋生活支援手当3万円＋健康増進手当3万円＋栄養補助手当3万円＋復興頑張ろう手当1万円」かもしれません。はたまた意外と素直に「基本給20万円」かもしれません。だから、実際ボーナスはいくらなのかって、聞かなきゃわからない（笑）。

——勘違いさせるためにやってるんですかね？

うーん、というよりも、ボーナスを安く抑えるのが目的なんじゃないですかね。でも、そもそもボーナスは支払う義務があるものではないので、前年には支払っていても、今年支払われるとは限らない。

——ああ、それは理解できます。新型コロナ感染症拡大による景気悪化なんてこともありますから。

そうですよね。同じように、退職金も必ず出さなくてはならないという性質のものではありません。退職金の計算基準としても基本給を使うケースが多いので、手当を多くすることで退職金の額を抑えようという企業もあると思うんですよ、実際のところ。

——そう考えると、手当の額より基本給！　基本給の金額って、結構大事になってくるんですね。

必ずしも基本給がすべてとは言えませんが、そういう面もあるということですね。

◇通勤費が高い人ほど社会保険料が高くなる⁉

法律による決まりがないから、会社によっていろんなパターンがあるという意味でいうと、通勤手当もそうなんです。

——通勤手当って交通費の実費支給ですよね？

えーと、それは正しいようで、明確に間違っているんですよ。「交通費」って言ってしまうと企業の会計的にいうと明確に「経費」のことを指します。営業担当が電車やタクシーで得意先を回ったり、新幹線に乗って出張したり、それは会社にとっては「旅費交通費」あるいは「出張旅費」として処理をします。

通勤手当は、あくまでも「手当」なので、経費ではなく賃金なんですね。

——賃金なんですか？　ま、もらえればどっちでもいいですけど。

でも、賃金であるということで、手取りにも影響してくることがあるんです。

通勤手当って法律に規定がないので、そもそも会社には支払う義務はなく、通勤は労働者の自己負担が原則です。でも、それでは大変だろうってことで、会社ごとに規定を作って、上限を設けて実費分を全額支給するだとか、マイカー通勤であればガソリン代相当額としていくらに設定するとか、通勤手段にかかわらず一律にいくら支払うだとか決めているわけなんです。これも、他の手当同様、会社が勝手に決めていいんです。

――ああ、そうなんですか。じゃあ、法律が関係ないのなら、自転車で行こうがマイカーで行こうが自由なんですね？

いやいや、「通勤手当」を規定する法律がないっていうだけで、普通、会社ごとに「通勤手当」を支給するルールだとか、通勤手段のルールは決まっているはずなので、それは守らないと手当が減らされちゃったりしますよ（笑）。

さて、テーマである「手取りを増やす」っていう意味では、通勤手当はけっこう重要だと思いますよ。

あとで詳しく説明しますが、社会保険料っていうのは所得に応じて支払額が決まるんですね。そのときに、通勤手当は賃金として加算しないといけないいんですよ。

か？

――えー？　ということは、通勤手当が高い人は、それだけ社会保険料が高くなるってことですか？

可能性としてはそうです。定期代にお金がかかるような遠くに住んでいる人は、通勤手当が高くなるので、その分、賃金も高くなるからです。ただ、社会保険料の金額については、数万円の幅で段階的に変わっていく形なので、ちょっとくらいの差では変わらない可能性もありますが（51ページ図表1－5参照）。

――ええっ、知らなかった！

ちなみに、所得税、住民税は、通勤手当分は所得から外して計算します。あくまで社会保険料を決める際だけです。また、公共交通機関の場合、15万円までは非課税と決まっているので、賃金なのに所得に加算しません。自動車通勤の場合は、通勤距離によって非課税の上限が決まっているので注意が必要です。非課税の範囲内で通勤手当を支給するという会社が多いと思います。

◇「残業手当」には法的なルールがある

ちょっとこれまでとは分類的に違う手当を説明しますね。それは、「時間外（残業）手当」、「休日手当」、「深夜手当」です。「手当」と付いているので、先ほどいろいろと挙げた他の手当と似たようなものかと思うでしょうが、まったく別のものです。

——手当であることに変わりはないように思いますが……。

それが全然違うんですよ。これらは本来、法律で定められた「割増賃金」と呼ばれるものなんです。「取り決めた時間以上に働いてもらったら、割増賃金を支払う」と法律で決まっている部分のことなんですね。だから、会社の勝手で決められる他の手当とはまったく違うというわけです。

——なるほど、会社で勝手に決められない。法的に定められた手当っていうことですね。

そうです。法律用語では「法定手当」って言うんですね。ちなみに、どれくらい割り増ししないといけないかも法律で定められています。

法定労働時間である1日8時間・週40時間を超えたときの「時間外（残業）手当」は25％以上、法定休日である週1日の休日に勤務させたときの「休日手当」は35％以上、22時から5時までの間に勤務させた「深夜手当」は25％以上です。また、「時間外」＋「深夜」であれば組み合わせとなり、50％以上の割増賃金を支払わなくてはいけません。

——休日の深夜残業だったら？

その場合は、時間外は休日に含まれるという考え方です。なので、休日と深夜の加算で60％以上になります。

さて、高橋さんの会社では、「残業手当」を「定額時間外手当」にしていますね。

——そうなんです。いつだったか、そうなりました。いいんだか悪いんだか……。

法律用語でいうと「みなし労働時間制」。一定の残業時間を働いたとみなして支給する賃金のことを、一般に「みなし残業手当」と呼んでいます。

会社にとっては、それによって多少トータル人件費が高くなったとしても、支払い予定が変動せず、固定化されるという資金繰り上の大きなメリットがあります。資金を調達するっていうのは、本当に大きなコストがかかりますから。

それと、残業代を細かく計算したり、確認したり、管理したりといった一連の業務が省略できることでもコストを削れますよね。

◇残業代計算に影響する手当、影響しない手当

残業手当に関連して、もうひとつ「手当の分類方法」があります。「基準内賃金」と「基準外賃金」といって、割増賃金、つまり残業や休日、深夜といった「法定手当」を計

算するための元の部分に含める賃金なのか、そうでないのかという分類です。

たとえば、先ほど話題にした「家族手当」は、その労働者の置かれている境遇とか、環境に応じて、臨時に支払っています。このような手当は「基準外賃金」になります。つまり、割増賃金を計算する元には入れません。

もし高橋さんと金子さんが一緒に休日出勤して、家族手当の分、金子さんのほうが給料が多いからって、休日出勤の時給に違いがあったら怒りますよね?

――ええ、そりゃ怒りますね。もう想像しただけでムカムカしてきました。

いや、例ですから怒らないでください(笑)。ほかには「通勤手当」、「家族手当」、「別居手当」、「住宅手当」なんていう手当が「基準外賃金」に相当します。

それ以外の賃金は、「基準内賃金」です。基本給はもちろんのこと、「役職手当」、「技術手当」、など、環境や境遇ではなく、労働への対価や、労働者自身への報酬が「基準内賃金」ということになります。つまり、役職手当や技術手当などが付いている人のほうが、残業代は高くなるということです。

少し注意が必要なのが、家族が何人いようが「一律に同額を支給している家族手当」とか、どこに住んでいようが「一律に同額を支給している通勤手当」、あるいは、独身寮だろうが、借り上げ社宅だろうが、賃貸住宅だろうが、持ち家だろうが「一律に同額を支給している住宅手当」といった手当は、基準内賃金になります。つまり、残業代に影響するということ。名前だけ「手当」となっていますが、実際は基本給に含んでいるのと同じようなものですからね。

――まとめると、残業手当は、「基準内賃金」の合計が高い人ほど高くなる、ということですね。

はい、そのとおりです。

◇手取りに差が出る4つの「控除」

では給与明細の「支給」についてはこのへんにして、次の「控除」の欄にいってみましょうか。

「支給」の部分では、「家族手当」1万5000円の差がありましたが、まあ、それは奥さんの働き方の違いであって、夫婦トータルで考えれば、金額的にもそう大差ないのがわかりました。

では、「控除」のほうは、どうでしょうね。ぱっと見た感じでは、高橋さんと金子さんの比較は、かなりいいサンプルになりそうな気がします。

(図表 1-3) 控除額はすべての項目で違う!?

●高橋君の給与明細の「控除」欄

	健保・介護	厚生年金	雇用保険	社会保険料計	課税対象額	所得税	住民税	
控除	14,760	27,450	900	43,110	256,890	6,750	17,000	

控除合計
66,860

●金子君の給与明細の「控除」欄

	健保・介護	厚生年金	雇用保険	社会保険料計	課税対象額	所得税	住民税	
控除	15,744	29,280	945	45,969	269,031	4,050	6,800	

控除合計
56,819

――この「控除」の欄の金額が、僕と金子とではずいぶん違いますよね?

そうですね。まずは「控除」の意味から説明していきましょう。

この「控除」という言葉は、さっきの「手当」と同じように、給料計算や税金の計算のときには、たびたび登場するんですよ。でも、言葉の使い方が違ったりして、ちょっとわかりにくいところがあるんですね。その都度説明していきますね。

そもそも「控除」なんていう言葉は、給料計算や税金の計算のとき以外は、あまり使わないですよね。

――まったく使いません。「控えて除く」ってどんな意味なんですかね。

意味としては、差し引くっていう意味です。今、給与明細に書かれている「控除」は、支給される給料の中から控除される、つまり天引きされる金額がこれだけあります。したがってその残りの差引支給額はこれだけになります、っていう意味です。ここまではいいですよね？

――給料の一部は「控除」として差し引かれ、残りをもらう。ＯＫです。

はい、では給与明細に注目してください。給与明細の「控除」の欄は、左から、「健保・介護」、「厚生年金」、「雇用保険」と並んでいます。この3つ、「健保・介護」は、「健康保険」と「介護保険」の合算のことなので分ければ4つ。さらにここに書かれていない「労災保険」を合わせた5つの保険を総称して社会保険といいます。

――どうして給与明細には労災保険は書いてないんですか？

労災保険とは、正式には労働者災害補償保険といって、雇用されている人が仕事中や通勤途中にケガや病気をしたりした際に補償する制度です。

労災保険の掛金はとても低額なので、会社が全額負担するしくみになっています。だから、給料から天引きされることがないんです。会社が勝手にかけてくれる保険ということで、給与明細には載りません。ここでは無視しましょう。

ということで、「控除」の欄は、「総支給額」から、高橋さんが支払う4つの社会保険料を天引きしますよ、というところからスタートします。

◇4～6月の給料で社会保険料額が決まる。ということは……

それぞれの保険について、簡単に説明しますね。

「健康保険」は、医者にかかるときに利用するので、ご存じですよね。「保険診療」と呼ばれる標準的な医療を、現役世代なら3割の自己負担で受けられる制度です。所得に応じて掛金が決まり、保険料は会社と折半して支払います。

――保険料は会社が半分払ってくれてるんですか？

そうですよ。フリーランスなどの個人事業主の場合、健康保険に限らず社会保険料を全額自分で払いますので、会社が半分出してくれるというのは、サラリーマンならではのメリットです。福利厚生の手厚い会社ならそれ以上の割合を出してくれるケースもあったようです。

――知らなかったです。

次の「介護保険」は、介護が必要だと認定されると、原則1割の自己負担で必要な介護サービスが受けられるというしくみです。保険料の支払いは40歳になったらスタートし、健康保険料と一緒に徴収されます。こちらも原則、掛金は会社と折半します。こちらはまだ若い高橋さんは引かれていない保険料ですね。

——40歳から引かれるんですね。覚えておきます。

次は「厚生年金保険」です。原則として65歳になったら毎月受け取れる公的年金です。基礎年金と呼ばれる国民年金にプラスして給付されます。やはり掛金は会社と労働者が半分ずつ支払います。

——自分たちが高齢になったときにも、ちゃんと年金がもらえることを願っています。

本当ですね。それから、「雇用保険」は、失業したとき、次の仕事に就くまでの間、所得補償や再就職支援といった必要な給付を受けられるための保険です。職業訓練を受けたり、資格取得講座を受講する際に補助を受けたりもできます。育児や介護のために仕事を一時的に休むときの手当は、雇用保険から出されています。掛金の自己負担分は給与10万円あたり300円で、会社負担分は600円です。

——雇用保険の保険料はとても低額ですが、イザというときに助かる保険ですよね。

そのとおりだと思います。

（図表 1-4）サラリーマンの年金構造

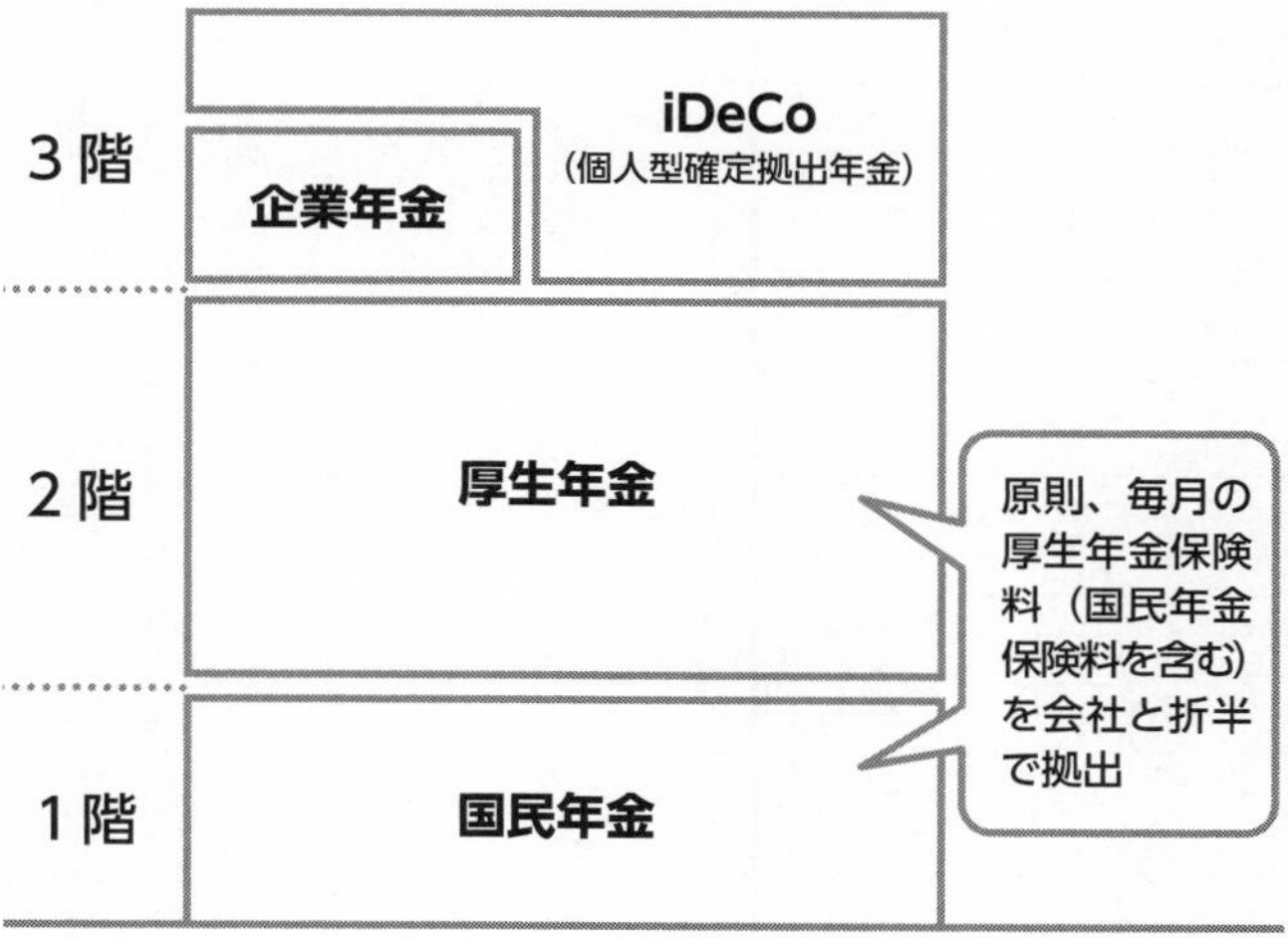

年金保険はたしかに少子化のせいで苦しいですが、日本の公的保険のシステムは基本的に素晴らしいと思いますよ。全額会社負担の労災保険を含む5つの社会保険によって、いろんなリスクに対して幅広くカバーしていますからね。

――社会保険の保険料はどのように決まるのですか？

社会保険料のうち、「健康保険」「介護保険」「厚生年金保険」は、毎年9月の給料から新保険料に改定されます。ですので、その年の4～6月、3カ月の給料（総支給額）の平均を標準報酬月額として、それに対応する形で保険料が決定されます。通勤手当は標準報酬月額に含まれることはさっきお伝えしましたけど、家族手当や住宅手当、役職手当もここに含まれます。ただし、ボーナス（賞与）は年3回以下の支給なら定期収入と見なされず、毎月の社会保険料にはカウントされません。

――ということは、同じ年収だとしても、4～6月の給料が少ない人のほうが、社会保険料が安くなるということですか？

計算上はそうなりますね。

――たとえば、残業した分だけ残業代が出る会社だったら、4～6月はできるだけ残業をしないで給料を少なくしておくと、9月からの社会保険料を安くできるということになりますよね？

そうですね。ちなみに、保険料は上の表のような一覧表が都道府県ごとに作られています（協会けんぽのケース）。厚生年金は全国一律ですが、健康保

東京都

厚生年金保険料（厚生年金基金加入員を除く）	
一般、坑内員・船員	
18.300%	
全　額	折半額
32,94[illegible]	[illegible]70.00
34,770.00	17,385.00
36,600.00	18,300.00
40,260.00	20,130.00
43,920.00	21,960.00
47,580.00	23,790.00
51,240.00	25,620.00
54,900.00	27,450.00
58,560.00	29,280.00
62,220.00	31,110.00
65,880.00	32,940.00
69,540.00	34,770.00
75,030.00	37,515.00
80,520.00	40,260.00
86,010.00	43,005.00
91,500.00	45,750.00
96,990.00	48,495.00
102,480.00	51,240.00

※全国健康保険協会（協会けんぽ）ホームページより

（図表 1-5）健康保険・厚生年金保険の保険料額表（協会けんぽ）

標準報酬		報酬月額			全国健康保険協会管掌健康保険料	
					介護保険第2号被保険者に該当しない場合	
					9.84%	
等級	月額				全額	折半額
		円以上		円未満		
1	58,000		～	63,000	5,707.2	2,853.6
16(13)	190,000	185,000	～	195,000	18,696.0	9,348.0
17(14)	200,000	195,000	～	210,000	19,680.0	9,840.0
18(15)	220,000	210,000	～	230,000	21,648.0	10,824.0
19(16)	240,000	230,000	～	250,000	23,616.0	11,808.0
20(17)	260,000	250,000	～	270,000	25,584.0	12,792.0
21(18)	280,000	270,000	～	290,000	27,552.0	13,776.0
22(19)	300,000	290,000	～	310,000	29,520.0	14,760.0
23(20)	320,000	310,000	～	330,000	31,488.0	15,744.0
24(21)	340,000	330,000	～	350,000	33,456.0	16,728.0
25(22)	360,000	350,000	～	370,000	35,424.0	17,712.0
26(23)	380,000	370,000	～	395,000	37,392.0	18,696.0
27(24)	410,000	395,000	～	425,000	40,344.0	20,172.0
28(25)	440,000	425,000	～	455,000	43,296.0	21,648.0
29(26)	470,000	455,000	～	485,000	46,248.0	23,124.0
30(27)	500,000	485,000	～	515,000	49,200.0	24,600.0
31(28)	530,000	515,000	～	545,000	52,152.0	26,076.0
32(29)	560,000	545,000	～	575,000	55,104.0	27,552.0

…高橋君　…金子君

険・介護保険は都道府県ごとに料率が微妙に違います。

雇用保険と労災保険は、毎年4月1日から翌年の3月31日までに発生した給与の金額を元に、料率を掛けて保険料を決定します。

雇用保険料の労働者負担分は毎月給与から天引きしますが、保険料の納付は、会社負担分と合わせて、6月1日から7月10日の間に会社が一括して納付するのがルールです。会社が全部を負担する労災保険も同じスケジュールです。

◇毎月の所得税額を大きく左右する扶養人数

では、給与明細に戻って、総支給額から社会保険料が引かれているのを確認しましょう。控除の欄に「健保・介護」、「厚生年金」、「雇用保険」の自己負担額が記載されていて、その次に「社会保険料計」として、その合計が記されています。それで、次の「課税対象額」は、「総支給額」から「社会保険料計」を差し引いた金額です（45ページ図表1－3）。

この「課税対象額」が文字どおり、所得税を計算するときの元の数字になるわけです。つまり、所得税を計算するときは、収入から社会保険料を控除していいということになります。このように、所得から一定の金額を差し引くことを「所得控除」といいます。

――社会保険料は、所得控除の対象になる。この言い方で正しいですか？

はい、100点満点です。では、実際に所得税の「月額表」を見てみましょう（53ページ図表1－6）。この月額表は毎月の所得税の「予定税額」を決めるためのものです。最終的には、予定とは違った部分を年末に調整します（年末調整）。年末調整については別の機会にお伝えしますね。

(図表 1-6) 給与所得の源泉徴収税額表（月額表）

その月の社会保険料等控除後の給与等の金額		甲					
		扶養親族等の数					
		0 人	1 人	2 人	3 人	4 人	5
以上	未満	税					
円	円	円	円	円	円	円	
167,000	169,000	3,620	2,000	390	0	0	
207,000	209,000	5,050	3,430	1,820	200	0	
209,000	211,000	5,130	3,500	1,890	280	0	
211,000	213,000	5,200	3,570	1,960	350	0	
213,000	215,000	5,270	3,640	2,030	420	0	
215,000	217,000	5,340	3,720	2,100	490	0	
217,000	219,000	5,410	3,790	2,170	560	0	
219,000	221,000	5,480	3,860	2,250	630	0	
221,000	224,000	5,560	3,950	2,340	710	0	
224,000	227,000	5,680	4,060	2,440	830	0	
227,000	230,000	5,780	4,170	2,550	930	0	
230,000	233,000	5,890	4,280	2,650	1,040	0	
233,000	236,000	5,990	4,380	2,770	1,140	0	
[illegible]	[illegible]	[illegible]	4,490	2,870	1,260	0	
[illegible]	[illegible]	[illegible]	4,590	2,980	1,360	0	
[illegible]	[illegible]	[illegible]	4,710	3,080	1,470	0	
245,000	248,000	6,420	4,810	3,200	1,570	0	
248,000	251,000	6,530	4,920	[illegible]	[illegible]	[illegible]	
251,000	254,000	6,640	5,020	[illegible]	[illegible]	[illegible]	
254,000	257,000	6,750	5,140	[illegible]	[illegible]	[illegible]	
257,000	260,000	6,850	5,240	[illegible]	[illegible]	[illegible]	
260,000	263,000	6,960	5,350	3,730	2,110	500	
263,000	266,000	7,070	5,450	3,840	2,220	600	
266,000	269,000	7,180	5,560	3,940	2,330	710	
269,000	272,000	7,280	5,670	4,050	2,430	820	
272,000	275,000	7,390	5,780	4,160	2,540	930	

高橋君の所得税の予定税額はココ

金子君の所得税の予定税額はココ

※国税庁ホームページより

この月額表に従うと、高橋さんの場合、「課税対象額」が25万6890円で、扶養家族が0人なので、所得税が6750円。合ってますね。

では、ここで金子さんの給与明細を見てみましょうか。えーと、「支給総額」が31万5000円なので、社会保険もそれぞれ高橋さんより少しずつ高くなっていますね。「課税対象額」も高橋さんより少し高い26万9031円。えーと、高橋さんより4行下になりますね。扶養家族は奥さん1人……おや？　4050円と給与明細には入っていますので、扶養家族は2人の計算ですね！

——ああ、そういえば、母親を扶養に入れているって言っていました。

家族構成は一緒だと思っていたのですが、お母さんと同居されているんですね？

——いいえ、それが、同居はしていないって言ってたんですよ。

ああ、そうですか。まあ、同居していなくても「生計を一《いつ》にしている」と見なされれば、扶養に入れることは可能なんですよ。お母さんがひとりということは、ひょっとしたらお父さんは亡くなられたのかもしれませんね。それで遺族年金と金子さんの援助で暮らしているのかもしれません。生活費のそれなりの金額をお母さんの口座に振り込んでいるといった実態があれば、同居していなくても「生計を一にする」と言えるのです。

(図表 1-7)「配偶者控除」「扶養控除」の控除額

●配偶者控除

		合計所得金額 (給与所得のみの場合の給与等の収入金額)		
		900万円以下 (1,095万円以下)	900万円超 950万円以下 (1,095万円超 1,145万円以下)	950万円超 1,000万円以下 (1,145万円超 1,195万円以下)
配偶者 控除額	パート収入 103万円以下	38万円	26万円	13万円

注：所得金額調整控除の適用がある場合は、上記表のかっこ書について、その金額に15万円を加算します。

●扶養控除

区分		控除額
一般の控除対象扶養親族		38万円
特定扶養親族		63万円
老人扶養親族	同居老親等	58万円
	同居老親等以外	48万円

注1：「扶養親族」とは、その年の 12 月 31 日の現況において次のいずれにも該当する方をいいます。

・配偶者以外の親族（6親等内の血族及び3親等内の姻族）、都道府県知事から養育を委託された児童（いわゆる里子）又は、市町村長から養護を委託された老人であること

・あなたと生計を一にしていること

・その年の合計所得金額が 48 万円以下であること

・青色申告者の事業専従者として給与の支払を受けていない又は白色申告者の事業専従者でないこと

注2：「控除対象扶養親族」とは、扶養親族のうち、その年の 12 月 31 日現在の年齢が 16 歳以上の方をいいます。

注3：「特定扶養親族」とは、控除対象扶養親族のうち、その年の 12 月 31 日現在の年齢が 19 歳以上 23 歳未満の方をいいます。

注4：「老人扶養親族」とは、控除対象扶養親族のうち、その年の 12 月 31 日現在の年齢が 70 歳以上の方をいいます。

※国税庁ホームページより

扶養しなければならない人がいると、その分、生活費もかかるということで、配偶者なら「配偶者控除」、親族なら「扶養控除」で所得控除が増え、課税対象額が減る。だから、所得税も低くなるんです。控除額は55ページの図表（図表1－7）のとおりです。

——配偶者控除で38万円、扶養控除で38万円、合計76万円。課税対象額が年に76万円減るから、金子のほうが収入が多いのに、税金が安いのかぁ……。

そういうことです。ただし、現実にそれなりのお金を仕送りしていると思いますので、手元の現金は少なくなっているはずです。手取りという意味では……。

——でも、お金を親孝行に使っているんですよね。

ええ、そうですね。

——なんだか、「手取りを増やすのが目的」と言っていた自分が恥ずかしいです……。

いやいや、高橋さんも手取りを増やして、そのお金を有意義に使ったらいいんですよ。ひとはひと、自分は自分ですから。

◇同居していなくても扶養家族にできる

——あれ？　小さい子どもは扶養控除の対象にならないんですか？

（図表1-8）6親等の血族・3親等の姻族まで扶養にできる

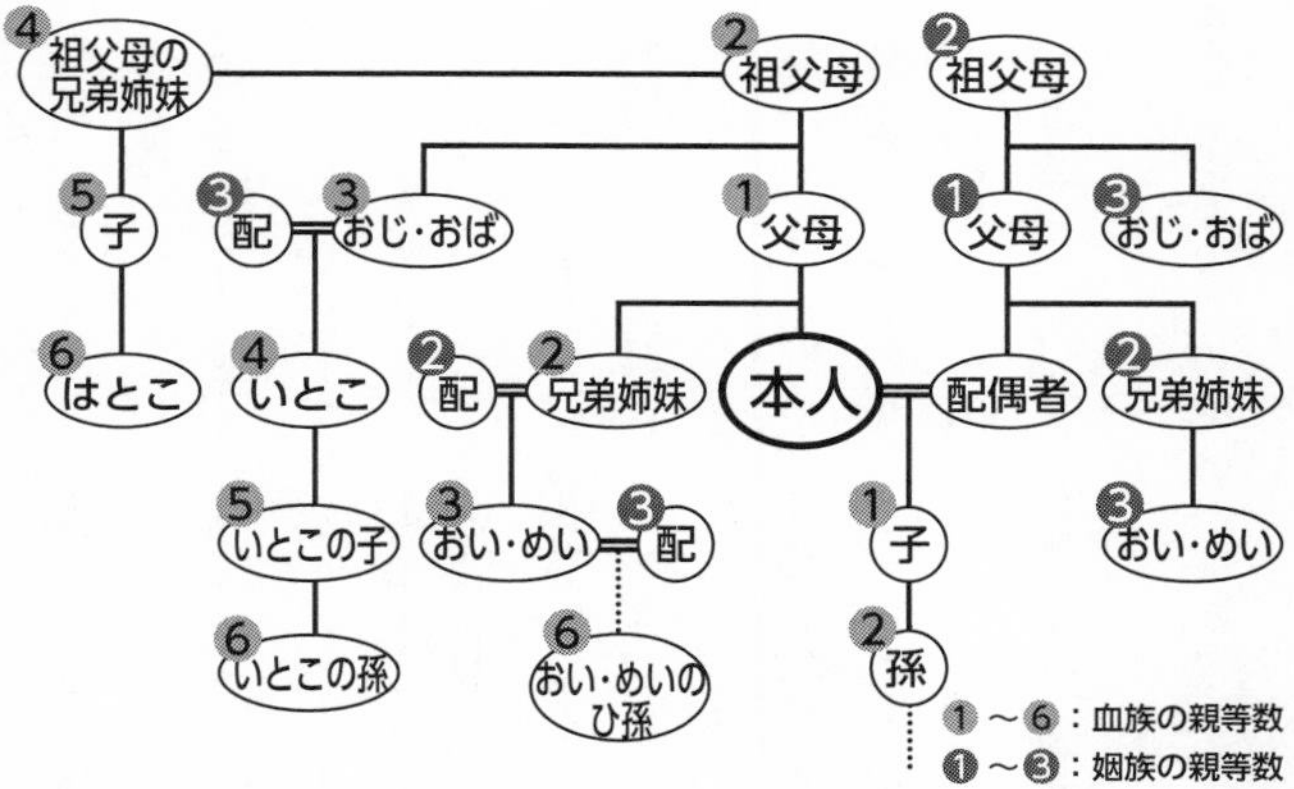

あ、いいところに気づきましたね。「扶養家族」っていったら、真っ先に子どものことを思い浮かべますよね。以前は16歳未満の子どもを対象にした扶養控除もありましたが、平成22年4月に子ども手当（現・児童手当）の支給が始まって、その代わりに廃止されました。

――同居していない親族を扶養に入れられる条件はどんなものでしょう？

はい、けっこうありますよ。配偶者以外の親族、具体的には6親等内の血族と、3親等内の姻族までOKです。配偶者のおじさん、おばさんまで可能ということです。

ただし、所得税法上、納税者と生計を一にしていることと、年間の合計所得金額が48万円以下である必要があります。給与所得のみの場合は、給与収入が103万円以下でないといけません。

——やはり「納税者と生計を一にしている」というのがポイントになりそうですね。

そうですね。同居していないようであれば、証拠を残した状態で援助をするのが大事だと思います。ちなみに、もし金子さんのお母さんが年金を受給している場合、通常の老齢年金なら雑所得として課税対象なのですが、障害年金や遺族年金であれば非課税所得扱いになるので、扶養控除には影響しません。高橋さんのご親族には対象者はいませんか？

——現時点では対象者はいないですが、この制度はしっかり頭に入れておきます。

◇配偶者のパート収入が103万円を超えても控除は受けられる

実はさっきから気になっていることがあるんですよ。いつ言おうかなあって。

——もうこの際、なんでも言っちゃってください。

そうですか？　では、高橋さん、配偶者特別控除を受けられるのに、受けていませんね。

——えっ、配偶者？　さっきの表を見ても、150万円稼いでいたら、配偶者控除は受けられな

（図表 1-9）「配偶者特別控除」の控除額

		合計所得金額（給与所得のみの場合の給与等の収入金額）		
		900万円以下（1,095万円以下）	900万円超950万円以下（1,095万円超1,145万円以下）	950万円超1,000万円以下（1,145万円超1,195万円以下）
配偶者控除額	パート収入103万円以下	38万円	26万円	13万円
配偶者特別控除額	パート収入103万円超150万円以下	38万円	26万円	13万円
	150万円超155万円以下	36万円	24万円	12万円
	155万円超160万円以下	31万円	21万円	11万円
	160万円超166.8万円未満	26万円	18万円	9万円
	166.8万円超175.2万円未満	21万円	14万円	7万円
	175.2万円超183.2万円未満	16万円	11万円	6万円
	183.2万円超190.4万円未満	11万円	8万円	4万円
	190.4万円超197.2万円未満	6万円	4万円	2万円
	197.2万円超201.6万円未満	3万円	2万円	1万円
	201.6万円以上	0円	0円	0円

注：所得金額調整控除の適用がある場合は、上記表のかっこ書について、その金額に15万円を加算します。

※国税庁ホームページより

いのでは？

いやいや、配偶者控除ではなく、配偶者特別控除です。

――えっえっ……特別控除って、何か特別な事情がある配偶者のことですか？

いえ、全然。むしろ「制度を変えてまで、特別に控除してあげますよ」っていう特別なんですよ（笑）。所得が多くなると、だんだん所得控除の金額は減りますが、給与収入なら201万円6000円未満の配偶者が対象になります。

――えっえっえーっ？　150万円ちょっとなら、所得控除いくらですか？

えーと、36万円ですね。金子さんの奥さんの配偶者控除が38万円でしたから、あんまり変わらない所得控除を受けられましたね。

——…………………………

高橋さん？　高橋さーん！

——はあ……。ああ、ごめんなさい。なんかもうショックで意識失ってました。

そうですよね。だから言わないほうがいいんじゃないかなって。

——いやいや、勉強に来てるんですから、それは。あの、税金、全然違いますよね？

ええ、そうですね。住民税にも関わってくるので、合わせて年間で5万円以上は変わりそうですよ。

——ご、5万ですか！　5万……。5万円あったら、いろいろ買えますね。なんだかめまいがしてきました。

しっかりしてください（笑）。まだ若いんだから、大丈夫ですよ。これからこれから。

◇「控除」を制する者が手取りを増やせる!?

高橋さん、呼吸は整いましたか？

——はい、なんとか。思い込みというか、勘違いというか、いけませんね。

いや、ひょっとしたら高橋さんと同じように勘違いしている人が、意外とたくさんいるのかもしれませんね。たしかに、「給与所得のみの場合２０１万円まで」というのがあまり世間には伝わってないみたいですね。

でも、この一件で、「控除」がどれだけのインパクトがあるか、身をもってわかったんじゃないですか。

――痛すぎるほどわかりました。

では、次に源泉徴収票の説明をしようと思うのですが……ちょっと休憩したほうがよさそうですね。

――ええ、ショックからすぐには立ち直れないので、ちょっとコーヒー飲んで頭を休めていいですか？

じゃあ、少しの間、コーヒータイムとしましょうか。

第2章

同じ基本給でも年30万円以上、手取りに差がつく秘密

——うまくやっている人は知っている「源泉徴収」のしくみ

◇「源泉徴収」ってそもそも何？

コーヒー飲んで、少しは落ち着きました？

――ええ、少しは。

では、次に持ってきていただいた昨年の源泉徴収票を使って、所得税の計算について見てみましょう。ちょっと今、源泉徴収票を見ながら電卓を叩いてみて気がついたことがあるのですが、お給料、去年と今年と変わらなかったんですか？

――ええ、そうなんですよ。なかなか会社の状況が厳しくて……（汗）。

まあ、練習としてはわかりやすくていいですね。源泉徴収票は見慣れていますよね。

――いいえ。年末に総務部からメールでお知らせが来るので存在は知っていますが、ちゃんと細かく見たことないですね。そもそも「源泉徴収」って何なんですか？

源泉徴収は、給与という大もと（源泉）から、所得税などを前もって引いておき（徴収）、それを従業員に代わって国庫に納付する制度のことです。

――会社が勝手に給料から税金を差し引く制度ってことですね。

面倒な税金計算や手続きを、納税者である高橋さんに代わって行ってくれる制度という

(図表2-1) 高橋君の源泉徴収票

令和●年分　給与所得の源泉徴収票

支払を受ける者	住所又は居所	東京都○○市△△	(受給者番号) (役職名) 氏名 (フリガナ) タカハシ タロウ 高橋 太郎

種別	①支払金額	②給与所得控除後の金額	③所得控除の額の合計額	④源泉徴収税額
給料・賞与	内 4,400,000 円	3,080,000 円	1,112,280 円	内 101,200 円

(源泉)控除対象配偶者の有無等		老人	配偶者(特別)控除の額	控除対象扶養親族の数(配偶者を除く。) 特定		老人			その他		16歳未満扶養親族の数	障害者の数(本人を除く。) 特別		その他	非居住者である親族の数
有	従有		円	人	従人	内	人	従人	人	従人	人	内	人	人	人

社会保険料等の金額	生命保険料の控除額	地震保険料の控除額	住宅借入金等特別控除の額
内 632,280 円	円	円	円

(摘要)

生命保険料の金額の内訳	新生命保険料の金額	円	旧生命保険料の金額	円	介護医療保険料の金額	円	新個人年金保険料の金額	円	旧個人年金保険料の金額	円

住宅借入金等特別控除の額の内訳	住宅借入金等特別控除適用数		居住開始年月日(1回目)	年 月 日	住宅借入金等特別控除区分(1回目)		住宅借入金等年末残高(1回目)	円
	住宅借入金等特別控除可能額	円	居住開始年月日(2回目)	年 月 日	住宅借入金等特別控除区分(2回目)		住宅借入金等年末残高(2回目)	円

(源泉・特別)控除対象配偶者	(フリガナ) 氏名	区分	配偶者の合計所得	円	国民年金保険料等の金額	円	旧長期損害保険料の金額	円

	控除対象扶養親族	区分		16歳未満の扶養親族	区分
1	(フリガナ) 氏名		1	(フリガナ) 氏名	
2	(フリガナ) 氏名		2	(フリガナ) 氏名	
3	(フリガナ) 氏名		3	(フリガナ) 氏名	
4	(フリガナ) 氏名	5	4	(フリガナ) 氏名	8

未成年者	外国人	死亡退職	災害者	乙欄	本人が障害者 特別	その他	寡婦 一般	特別	寡夫	勤労学生	中途就・退職 就職	退職	年	月	日	受給者生年月日 明	大	昭	平	年	月	日

(受給者交付用)

支払者	住所(居所)又は所在地	
	氏名又は名称	(電話)

ことですね。ただ、勝手にやっているというより、会社はそれをやるのが義務なんです。

——そうなんですか。源泉徴収票は一応データ保管しているのですが、何か使うときがあるのでしょうか？　僕はこれまで使ったことがあったっけかなぁ……？

意外とあるんですよ。確定申告を行って税金の還付を受けようとするときとか（マイナンバー制度導入で原則、提出不要）、転職や再就職のときは必ず必要になります。住宅購入とか、子どもの保育園や学童保育の申し込みとかでも、求められることがあります。

——じゃあ、プリントアウトして保管しておいたほうがいいですね。

そうですね。せめて数年分くらいは取っておいたほうがいいですね。さて、源泉徴収票ですが、項目として重要なのは上の方です（図表2－1の①）。「種別」が給料・賞与、「支払金額」とあるのが、給与明細でいう総支給額の年間合計です。

その次の「給与所得控除後の金額」（同②）というのは、少し説明が必要です。高橋さんは、サラリーマンにも必要経費があったらいいのにって思ったことないですか？

——ありますよ。スーツ代、ワイシャツ代、革靴代、散髪代……会社に請求したいです。

そうですよね。昔からそう言われていて、今はもう、そういうのは全部、国が経費として認めてくれているんですよ。

――えっ、じゃあ、領収証をもらって会社に請求すれば、お金が返ってくるんですか？

そういうことじゃないんです。会社に交通費を請求するみたいに、使った分のお金が返ってくるっていうしくみじゃないんですよ。はじめから「サラリーマンのための必要経費」の枠が確保されているということです。

それが「給与所得控除」です。サラリーマンの必要経費にあたる「給与所得控除」の分は税金をかけませんよ、という制度です。

論より証拠。昨年の高橋さんの「給与所得控除」額を求めてみましょう。計算式はこのとおりです。

表（69ページ図表２－２）を見てくださいね。これはつまり、1年間の給与・賞与の金額に応じて、最低でも55万円から最大１９５万円までの範囲内で、どなたにも必要経費が認められるという意味です。

――そうだったんですね。知らなかったです。

ではさっそく高橋さんの「サラリーマンの必要経費」を計算してみてください。

――支払金額が４４０万円ですから、上から4行目が該当します。４４０万円の20％は88万円。それに44万円を加えるので、１３２万円になりました。

そうですね。合っているかどうか確かめてみましょうか。源泉徴収票の「支払金額」(図表2－1の①)から、そのとなり「給与所得控除後の金額」(同②)を引いたら、いくらになりましたか？

──440万円引くことの308万円、あ、132万円、合いました。

そうですね。このように「給与所得控除後の金額」は、132万円をサラリーマンの経費として控除したあとの金額ということになります。それなりの必要経費が認められているのがわかって、感想はどうですか？

──なんかそう言われても、あまり納得感がないです。

まあそうでしょうね。お金が返ってくるわけではないですからね。でも、ちょっとはありがたいと思ってもいいと思いますよ。だって、領収証を保管したり、帳簿をつけたりしなくても、どんぶり勘定で経費を認めてもらえるなんて、いいじゃないですか。

──そう言われればそうですね。ありがたい気がしてきました。

高橋さんは本当に素直でいい人ですね(笑)。はい、その隣が「所得控除の額の合計額」(同③)。似たような言葉で紛らわしいですね。さっきの「給与所得控除後の金額」は、「給与所得控除」をしたあとの金額っていう意味。その隣の「所得控除の額の合計額」は、

（図表 2-2）「給与所得控除」の計算式

給与等の収入金額 (給与所得の源泉徴収票の支払金額)		給与所得控除額
	1,625,000円まで	550,000円
1,625,001円から	1,800,000円まで	収入金額×40%-100,000円
1,800,001円から	3,600,000円まで	収入金額×30%+80,000円
3,600,001円から	6,600,000円まで	収入金額×20%+440,000円
6,600,001円から	8,500,000円まで	収入金額×10%+1,100,000円
8,500,001円以上		1,950,000円（上限）

高橋君の給与所得控除はココ

「所得控除」の合計といっています。「所得控除」覚えていますか？

――ああ、ありましたね。所得から引くことができるお金ですね。

たとえばどんな控除がありましたか？

――健康保険などの社会保険料ですよね。あと……

あと？

――配偶者控除とか配偶者特別控除！

そうそう。さすがに忘れませんよね（笑）。では、「所得控除の額の合計額」を見てください。いくらになってます？

――１１１万２２８０円ですね。

そうですね。これの内訳わかりますか？

――社会保険６３万２２８０円はわかるのですが、

残りの48万円がわからないです。

ああ、ごめんなさい。「基礎控除」のことを説明していなかったですね。「給与所得控除」がサラリーマン、つまり給与所得を得ている人だけが受けられる控除なのに対して、フリーランス、自営業者も含めてすべての人が全員一律に受けられる控除が「基礎控除」です。令和元年まではその額が38万円でしたが、令和2年に10万円アップして48万円になりました（その分、給与所得控除の最低控除額は65万円から55万円にダウンしました）。ただし、その際、所得金額が２４００万円超の人から段階的に減額されて、２５００万円超の人は基礎控除がゼロになったんですけどね。

――２５００万円も稼いでいる人には、たいした問題ではないですよね。

まあ、そうとも言えますね。

――これで「所得控除の額の合計額」の内訳もわかりました。

よかったです。次の年末調整はそれに加えて、「配偶者特別控除」も必ず入れましょう。

――はい、もちろんです。

では、上の右端ですね「源泉徴収税額」（同④）とあります。これが、高橋さんが納めた所得税の額です。実際は、会社が源泉徴収を行って納めてくれたものです。これまでも年末調整を行って、徴収しすぎていた所得税が戻ってきて、12月の給料だけ他の月より多かったりしませんでしたか？

——いや、そんな記憶はないですね。

そうですか。まあ年末調整で戻るようなことを何もやってないですもんね。それはしかたがないですね。人によっては数万円単位の税金が戻ってくることがよくあります。

——ちょっとした臨時収入のようですね。うらやましい。

まあ、その分、生命保険などにお金を使っているということなんですけど、お金が戻ってくるっていうと、なんか得した気にさせられますよね。

◇自分の所得税率はココでわかる

さて、では最後の検証として、所得税がどのように計算されたか、税率表（所得税の速算表）を見てみましょうか（73ページ図表２－３）。

まず表にある、「課税される所得金額」を求めます。源泉徴収票にはそれがないので、計算しますね。計算方法は源泉徴収票の「給与所得控除後の金額」（図表２－１の②）から「所得控除の額の合計額」（図表２－１の③）を引いた、１９６万７７２０円。１００

0円以下は切り捨てて、196万7000円。これが「課税される所得金額」です。税率表を見てみると2行目が相当しますね。このとおり計算、10%の税額を乗じて、控除額9万7500円を引くと、所得税9万9200円が求められました。

——あ、僕の所得税率は10%だったんですね。はじめて知りました。

そのようですね。自分の所得税率を知っておくと、たとえば、iDeCoをやると所得税がいくら返ってくるかとか、医療費控除で確定申告するといくら税金が還付されるとかが概算できるようになりますよ。

いずれにしても、高橋さんの場合、いろいろな控除を引いた上で10%ですから、それほど重い税負担というわけではないと思います。

ここでひとつ注意があるのですが、所得税が算出されたら、さらに令和19年までは東日本大震災からの復興のための加算として、復興特別所得税といって、所得税額の2・1%を加えることになっているんです。なので、9万9200円の2・1%である2083円を加算して、10万1283円、100円未満を切り捨てて10万1200円。はい見事、源泉徴収票にある「源泉徴収税額」（図表2－1の④）と一致しました。

——あ、そうやって所得税って決まっていくんですね。すごく腑に落ちました。

（図表 2-3）所得税の速算表

源泉徴収票の②「給与所得控除後の金額」－③「所得控除の額の合計額」で出てくる金額（P65 の源泉徴収票を参照）

「課税される所得金額」×「税率」からこの「控除額」を引く

課税される所得金額	税率	控除額
1,000 円 から 1,949,000 円まで	5%	0 円
1,950,000 円 から 3,299,000 円まで	10%	97,500 円
3,300,000 円 から 6,949,000 円まで	20%	427,500 円
6,950,000 円 から 8,999,000 円まで	23%	636,000 円
9,000,000 円 から 17,999,000 円まで	33%	1,536,000 円
18,000,000 円 から 39,999,000 円まで	40%	2,796,000 円
40,000,000 円 以上	45%	4,796,000 円

196 万 7000 円の高橋君はココ

◇住民税は前年分を支払っている

所得税の概要を理解してもらえたようでよかったです。ということで、どうして金子さんの給与明細の所得税（4050円）が高橋さんの所得税（6750円）より安いのか、その理由がわかりましたね。さまざまな控除が加わって「所得控除の額の合計額」が高くなっているからなんです。

次に検証したいのが、高橋さんが1万7000円で、金子さんが6800円、その差1万200円の個人住民税です。

――最近は個人住民税って言うんですか？

はい、そうです。法人の住民税と区別するために、個人住民税という呼称が定着してきました。手取りで毎月1万200円違うと、年間にすると12万円以上の差になりますから、大きいですよね。

――12万円……。しかもそれが毎年毎年ですよね。

じゃあ、その個人住民税について、今日の段階で迫れるところまで迫ってみましょうね。残念ながら、給与明細だけでは限界がありますが推理はできると思います。

――所得税はピタリとわかったけれど、個人住民税はそうはいかない？

そうなんですよ。まあ正確に言うと、給与明細に記されている所得税のほうも「現時点での源泉徴収税額はわかる」というだけで、最終的には年末調整や確定申告が終わらないと確定しないんですけどね。

所得税のスケジュールは、1月から12月までの給料やボーナスから「予定税額」を源泉徴収しておいて、最後の12月の給料のときに、予定とは違った部分を調整します。さらに源泉徴収の時点では計算していないそれ以外の控除、たとえば「生命保険料控除」とか「住宅ローン控除」なんかを加えて、最終的な納税額を確定させて、調整するんです。

――それが「年末調整」ですね。

はい、そうです。だから、所得税については、今年の所得、今年の控除から、今年の納税額を計算して、支払いまで今年のうちに終わらせているわけです。

ところが、個人住民税のほうは、今年1年間の所得や控除から算出された納税額を、翌年の6月から翌々年の5月まで支払うことになるんですよ。

——そういえば新人のときに先輩から、「2年目は手取りが減るぞ」と教えてもらいました。

そうです。個人住民税は、新卒1年目は払っていなくて、2年目から発生するので、2年目のほうが手取りが減る、ということが起こりうるわけです。

——そもそも同じ「税金」なんだから、役所で勝手に分けてくれたらいいのに。

そう思っちゃいますよね。でも、所得税は国税で財務省、住民税は地方税で総務省や各市町村、と管轄が違って、計算の方法も微妙に違うんです。

ただ、個人住民税のために別々に申告する必要はありません。所得税の計算に必要な情報を国に提供すれば、個人住民税の計算はあちらで勝手にやってもらえますので。

——管轄の省庁が違うからって、納税の手間が増えるってわけではないのですね？

そうです。さて、金子さんの話に戻りますが、今見ている金子さんの給与明細、なぜ個人住民税が６８００円なのかを知るには、昨年の年末調整や確定申告でどのような申告をしたかという情報が必要なんです。

――なるほど。いつか金子に聞いてみます。今はやれるところまでやってみましょう!

個人住民税は所得税とはいろいろな点でしくみが違うので、まずは、住民税の大枠の考え方を表(図表2-4)で示しておきましょう。

――なんか複雑そうですね。

大丈夫です。順を追って説明していきますので、安心してください。

◇住民税と所得税では控除額が微妙に違う

では、金子さんの去年の所得が今年と同じだったと仮定して、金子さんが今年支払っている個人住民税を計算していきますよ。

まず、収入は給与と賞与の440万円、ここまでは高橋さんと同じでしたね。それに、家族手当1万5000円が12カ月分で18万をプラスして458万円。すると、サラリーマンの経費、「給与所得控除」後の金額は322万4000円です。これは表に従えば自動的に求められますよね。ネットで探せば自動計算してくれるサイトもあります。

次は控除です。社会保険は給与明細にあるとおり(45ページ図表1-3)月々が4万5969円なので、12カ月分だと55万1628円。それと月々分のほかに、ボーナスに対す

(図表 2-4) 個人住民税の特徴

①前年の所得にもとづいて納税する

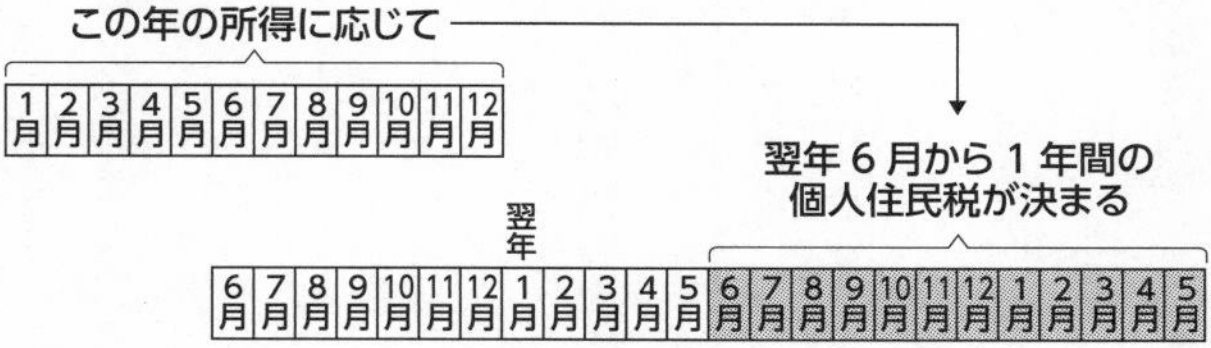

②所得控除額が所得税と少し異なる

③所得にかかわらず税率は10%[*1]で一定=「所得割」

④「所得割」+「調整控除[*2]」+「均等割5000円[*3]」で算出される

*1　都道府県民税4%+市町村民税6%が原則だが市町村によって若干変動あり。
*2　81～82ページで解説。
*3　令和5年度まで。自治体によって変動あり。

る社会保険料も計算します。ボーナスは40万円が2回でしたよね。これは高橋さんと同じです。ボーナスは毎月の給与とは別に、単独で料率を掛けて計算します。そのぶんが5万7480円×2で、11万4960円。給与分と賞与分を合わせた社会保険の合計が66万6588円。

次に配偶者控除です。

――はあ……金子は38万円、私も本当なら「特別」で

36万円控除できたやつ……。

すごい！　金額まで覚えているとは！　やっぱり人は痛い思いをして人生を覚えていくんですね（笑）。

ただ、せっかく覚えてくれていたのに残念ですが、住民税のときは微妙に金額が違うんですよ。

金子さんの場合は、配偶者控除で33万円控除できます。高橋さんも、奥さんの給与所得が155万円以下なら、配偶者特別控除で同じく33万円控除できますね。

——配偶者以外の親族の控除も違うのですか？

そうなんです。この表（図表2-6）のように、所得税と住民税では控除額も違っているので注意が必要です。金子さんのお母さんは、年齢からしておそらく70歳未満でしょうから33万円の控除になると思います。

——あとは残っている控除は……、ああ、庶民の味方「基礎控除」がありましたね。

そうですね、多くの人が一律に控除される基礎控除です。やはり個人住民税では微妙に少ない額になっています。金子さんの場合は、43万円が控除できます。

では、金子さんの控除の合計額を出してみましょうか。社会保険料控除、配偶者控除、

（図表 2-5）個人住民税の「配偶者特別控除」

高橋君の配偶者の給与所得が155万円以下ならココに入る

配偶者の給与所得103万円以下の金子君の場合は「配偶者控除」で33万円の控除

配偶者の合計所得金額（給与所得のみの場合の収入金額）	個人住民税の控除額			
	納税義務者の合計所得金額900万円以下（1,120万円以下）	納税義務者の合計所得金額900万円超950万円以下（1,120万円超1,170万円以下）	納税義務者の合計所得金額950万円超1000万円以下（1,170万円超1,220万円以下）	納税義務者の合計所得金額1000万円超（1,220万円超）
38万円超90万円以下（103万円超155万円以下）	33万円	22万円	11万円	
90万円超95万円以下（155万円超160万円以下）	31万円	21万円	11万円	
95万円超100万円以下（160万円超166万8千円未満）	26万円	18万円	9万円	
100万円超105万円以下（166万8千円以上175万2千円未満）	21万円	14万円	7万円	
105万円超110万円以下（175万2千円以上183万2千円未満）	16万円	11万円	6万円	控除なし
110万円超115万円以下（183万2千円以上190万4千円未満）	11万円	8万円	4万円	
115万円超120万円以下（190万4千円以上197万2千円未満）	6万円	4万円	2万円	
120万円超123万円以下（197万2千円以上201万円6千円未満）	3万円	2万円	1万円	
123万円超（201万6千円以上）	控除なし	控除なし	控除なし	

※魚津市ホームページより

（図表 2-6）個人住民税の「扶養控除」

金子君の個人住民税の扶養控除額

年齢	対象者区分	所得税控除額	住民税控除額
16～18歳	一般の控除対象扶養親族	38万円	33万円
19～22歳	特定扶養親族	63万円	45万円
23～69歳	一般の控除対象扶養親族	38万円	33万円
70歳以上	老人扶養親族（同居老親等）	58万円	45万円
70歳以上	老人扶養親族（その他）	48万円	38万円

※国税庁ホームページより

（図表 2-7）所得税と住民税の基礎控除額

基礎控除額

合計所得金額	所得税	住民税
2,400 万円以下	48 万円	43 万円
2,400 万円超 2,450 万円以下	32 万円	29 万円
2,450 万円超 2,500 万円以下	16 万円	15 万円
2,500 万円超	適用なし	適用なし

※国税庁ホームページより

扶養控除、基礎控除……4つの合計が、175万6588円となりました。

では、課税される所得を求めましょう。「給与所得控除」後の金額322万4000円から、「控除の合計額」175万6588円を引くと、146万7412円、1000円未満を切り捨てて、146万7000円。これが「課税所得額」となります。

さあ、次はなんでしたっけ？

――税率をかける！

素晴らしい！　わかってきましたね。ここでまた朗報なのですが、個人住民税の税率はとてもわかりやすく10％です。都道府県民税が4％で市町村民税が6％の計10％。これは向こうで勝手に配分してくれます。実は市町村によって若干、税率を高くしたり、安くしたりしているところもあるのですが、ここはわかりやすく10％で計算しましょう。

（図表 2-8）金子君の個人住民税を計算してみると…？

69ページの計算式で給与所得控除を出して1から引く

1	年収	4,580,000円
2	給与所得控除後の金額	3,224,000円
3	現時点でわかっている控除の合計	1,756,588円
4	課税所得額	1,467,000円*

＊1000円未満切り捨て

2から3を引く

——じゃあ、簡単！　金子の個人住民税の税額は年14万6700円！

大正解！　と言いたいところですが、もう少し続きがあるんですよ。まあ、だいたいそんなもんなんですけど、その金額に少しだけプラス・マイナスがあります。

◇住民税ならではの「所得割」「調整控除」「均等割」

まず、「調整控除」が付きます。先ほど、所得税と個人住民税で控除額が違うっていう話をしましたが、それが関係してきます。

2007（平成19）年に、国から地方への税源の移譲が行われたのですが、調整控除はそのときに創設された新しい制度です。個人住民税のほうが配偶者控除などの人に関わる控除（人的控除）が少ないため、制度変更で税負担が増えて、不利益を受ける人が出ないようにという目的で作られましたが、今となっては「これなんだっけ？」みたいな存在になっています。

ですので、あまり「なんで？」にこだわらず、機械的に、次の手順で計算しましょう。

＊個人住民税の調整控除額の算出方法

1　課税所得金額が200万円以下の場合

次のアとイのいずれか小さい額

ア　人的控除の差の合計×5％

イ　課税所得金額×5％

2　課税所得金額が200万円超の場合

人的控除の差の合計－（課税所得金額－200万円）×5％

※計算額が2500円未満の場合は2500円になります。

表（84ページ図表２−９）を参考に計算していくのですが、「人的控除の差」には基礎控除の差額５万円も含まれるのを忘れないようにしてくださいね。

さて、金子さんの場合は、課税所得金額が１４６万７０００円なので、１に準じて計算しましょう。アだと、基礎控除５万円＋配偶者控除５万円＋扶養控除５万円＝15万円、その５％だから７５００円。イだと、１４６万７０００円の５％だから７万３３５０円。アとイを比べて小さいほうなのでアの７５００円が金子さんの調整控除になります。

ということで、課税所得金額である１４６万７０００円に税率10％をかけた、住民税年額14万６７００円から、７５００円を控除します。

――税金の金額からマイナスするんですね？

はい、そうです。所得からマイナスするのは「所得控除」。それに対してこのように、算出された税金の金額からマイナスすることを「税額控除」といいます。

調整控除は税額控除なのです。ということで、金子さんの個人住民税のうち「所得割額」は、13万９２００円となりました。

――個人住民税のうち「所得割額」？　なんですかそれ、まだ何かあるんですか？

そうなんですよ（笑）。あとは、「均等割額」といって、そこに住んでいる人全員一律に

（図表 2-9）人的控除の差と、調整控除の計算方法

人的控除の種類			納税義務者本人の合計所得金額	所得税	住民税	人的控除額の差	
基礎控除			2,400万円以下	48万円	43万円	5万円	
			2,400万円超 2,450万円以下	32万円	29万円		
			2,450万円超 2,500万円以下	16万円	15万円		
			2,500万円超	適用なし			
配偶者控除	一般		900万円以下	38万円	33万円	5万円	
			900万円超 950万円以下	26万円	22万円	4万円	
			950万円超 1,000万円以下	13万円	11万円	2万円	
	老人（70歳以上）		900万円以下	48万円	38万円	10万円	
			900万円超 950万円以下	32万円	26万円	6万円	
			950万円超 1,000万円以下	16万円	13万円	3万円	
配偶者特別控除	配偶者の合計所得金額	48万円超 50万円未満	900万円以下	38万円	33万円	5万円	
			900万円超 950万円以下	26万円	22万円	4万円	
			950万円超 1,000万円以下	13万円	11万円	2万円	
		50万円以上 55万円未満	900万円以下	38万円	33万円	3万円	※1
			900万円超 950万円以下	26万円	22万円	2万円	※2
			950万円超 1,000万円以下	13万円	11万円	1万円	※3
		55万円以上 133万円未満	900万円以下	省略		適用なし	※4
			900万円超 950万円以下				
			950万円超 1,000万円以下				
扶養控除	一般		−	38万円	33万円	5万円	
	特定		−	63万円	45万円	18万円	
	老人		−	48万円	38万円	10万円	
	同居老親等		−	58万円	45万円	13万円	
障害者控除	一般の障害		−	27万円	26万円	1万円	
	特別障害		−	40万円	30万円	10万円	
	同居特別障害		−	75万円	53万円	22万円	
寡婦控除			−	27万円	26万円	1万円	
ひとり親控除	母		−	35万円	30万円	5万円	
	父		−	35万円	30万円	1万円	※5
勤労学生控除			−	27万円	26万円	1万円	

※1：税制改正前（平成30年度まで）の配偶者特別控除の差額（所得税36万円、住民税33万円）
※2：税制改正前（平成30年度まで）の配偶者特別控除×2/3の差額（所得税24万円、住民税22万円）
※3：税制改正前（平成30年度まで）の配偶者特別控除×1/3の差額（所得税12万円、住民税11万円）
※4：税制改正後に新たに控除の適用を受けるため、控除差額を起因とする新たな負担増が生じることがないことから、調整控除の対象にはなりません。
※5：ひとり親控除（父）は、旧寡婦控除相当の人的控除差1万円をそのまま引き継ぎます。

※諏訪市ホームページより

支払う税金です。4000円（都道府県民税1000円、市町村民税3000円）が基本なのですが、平成26年度から令和5年度までの10年間は、東日本大震災の「復興特別税」として500円ずつ上乗せになり、合計5000円（都道府県民税1500円、市町村民税3500円）が標準的な均等割額となっています。

ただし、この均等割額も、自治体によって金額にけっこう差があるんです。たとえば神奈川県横浜市は6200円（県民税が1800円、市民税が4400円）。

金子さんはどちらにお住まいですか？

——埼玉県さいたま市です。

それなら5000円です。では所得割額13万9200円に均等割額5000円を加えて、14万4200円。金子さんの個人住民税年額は14万4200円となりました。

これを12カ月で割ると、1万2016円。100円未満は調整して、支払いはじめの6月分で端数分を多く払うことになっていますので、金子さんの個人住民税は6月が1万2100円。7月から翌年5月までが1万2000円と求めることができました。

やあ、大変でしたね。でも、やり遂げました。めでたしめでたし！

——梅田先生……違ってますよ。ほら、金子の給与明細では住民税6800円になっているんですから（45ページ図表1－3）。

ええ、知ってますよ。はじめに言ったじゃないですか。おそらく、金子さんのことですから、生命保険とか、iDeCoとかで節税しているのでしょう。

――あ、あ、そういえば、イデコとかヒデコとか言っていました！

ヒデコって誰ですか（笑）。何か控除になることをやって、年末調整で個人住民税を少なくしているんですよ。その確定したものをもとに、今年の個人住民税を払っているということです。それにしてもむちゃくちゃ安くなっていますが……。

ただ、金子さんの年末調整の中身まではわからないですし、ちょうど時間となりましたので今日はここまでにしましょうね。続きはまた次回ということで。

――はい！　梅田先生、今日は本当にありがとうございました。なんか一気に給与明細に載ってる数字や税金が身近なものに感じれられるようになってきました。

よかったです。お教えした甲斐がありました（笑）。

コラム

プロ野球選手が引退すると翌年の住民税が大変。会社退職者も要注意

個人住民税でもっとも注意すべきことは、何といっても「今年の所得をもとに来年支払う」というスケジュールの部分でしょう。

一説には、お殿様にお米を年貢として納めていた名残だともいいます。その頃は、田んぼは隠すことができませんから、秋になればどれくらいの米が収穫できるかわかっています。無事に収穫できたら、翌年そのお米を年貢として納めます。まさに個人住民税と同じ流れですよね。

現代でも、新卒1年目は個人住民税が発生せず、2年目（の6月）以降、所得から引かれることになるため、2年目のほうが手取りが少なくなる可能性があることは本文でも紹介したとおりです。

この個人住民税でよく問題になるのが、プロ野球選手など1年ごとに年俸が大きく変動する職業の人たちです。最近では何億円と稼いでいた選手が、成績不振で契約更改の

際に「年俸80％ダウン」などと報道されるケースも見るようになりました。年俸が大幅にダウンしても、前年に稼いでいた所得にもとづいて個人住民税が課されるので、翌年は大変な高負担になってしまうことになります。

高年俸のプロ野球選手ほどではないですが、定年退職した翌年に収入がなかったり、少なくなったりしている人、前年までのフルタイムの働き方をやめてパートタイマーになった人、営業成績で年俸が変動する契約で働いている人などにも、同じような問題が起こりえます。

ちなみに、年の途中で会社を退職し、その後の収入が少なくなっているケースでは、その年に払いすぎた所得税の還付を受けられる可能性があります。ただし、会社で年末調整を受けられなくなるので、自分で確定申告して所得税を取り戻すことになります。

多様な働き方の選択肢がある今、税金のしくみを理解しておくことは、自分の生活を守る上でも大切なことだと言えます。

第3章

取られすぎた税金を確実に取り返す！

——iDeCo、各種控除を上手に活用する「年末調整」の知恵

◇取られすぎた税金を取り返す？ 年末調整

——梅田先生！ こちらです。

こんにちは。急に冷えてきましたけど、高橋さんは相変わらずお元気そうですね。

——ええ、また時間をとっていただいて、ありがとうございます。

いえいえ、どういうことはないですよ。でも、前回とてもよく理解されてたみたいだったので、もう聞くこともないいんじゃないですか？

——いや、まだまだです。今日はこれです。

おお、年末調整の用紙ですね。もうそんな季節ですか。1年あっという間です。ところで、今回の年末調整では何をするのか覚えていますか？

——え？ なんでしたっけ？

えっ？ まさか忘れちゃったんですか？

——冗談ですよ。「配偶者特別控除」。1日たりとも忘れたことはありません。

それはまた大げさな（笑）。でも、素晴らしいです。前回の話で、年末調整がなんなのかもある程度理解できたんじゃないですか？

――そうですね。いつもただ名前を書いて出すだけだったですけど、今年は違います！　でも、念のため、ちゃんと教えていただけますか？

はい。支払った給料や事前に申請された控除に関しては会社のほうで把握できていますから、会社に教えてあげないとわからない、会社を通さずに行ってきた控除の内容を伝えることです。代表的なのが、この1年間に払った生命保険などの生命保険料控除ですね。

会社としては、それまで「予定」で税金を引いてきましたが（源泉徴収）、年末時点で支給と控除を実態に合わせて所得税を確定させた上で、余計に納税した分があれば12月の給与で社員に返金し、より正確な納税を行うこと。この一連の処理が年末調整です。

この申告によって、来年払うことになる個人住民税もほぼ確定します。

――なるほど、シンプルに理解できました。

ではさっそく、年末調整のポイントを解説していきますね。まず第一番目。「いつの時点で」を意識しましょう。年末調整は、いったい「いつ」を基準にすると思いますか？

――え？　今年「全体」ですよね。

まあ、そうなんですけど、基準になるのは12月31日なんです。年末調整っていうくらいですから、大晦日ギリギリ。

申告書

あなたの生年月日 明・大・昭 平・令 年 月 日

保険料控除申告書

得者の配偶者控除等申告書 兼 所得金額調整控除申告書

名 ㊞

所
所

基・配・所

◎この申告書の記載に当たっては、裏面の説明をお読みください。

配偶者控除等申告書 ◆

表の「区分Ⅰ」欄については、「基礎控除申告書」の「区分Ⅰ」欄を参照してください。
の「区分Ⅰ」欄が(A)～(C)に該当しない場合や「配偶者控除等申告書」の「区分Ⅱ」欄が①～④に該当しない場合は、配偶者控除及び
用を受けることはできません。

リガナ） 者の氏名	配偶者の個人番号	配偶者の生年月日	
		明・大 昭・平 年 月 日	
	あなたと配偶者の住所又は居所が異なる場合の配偶者の住所又は居所	非居住者である配偶者	生計を一にする事実

中の合計所得金額の見積額の計算

額	収入金額	所得金額
得	円	（裏面「4(1)」を参照） 円
外 額		（裏面「4(2)」を参照） 円
合計所得金額の見積額		＊ 円

判定	□ 48万円以下かつ年齢70歳以上（昭26.1.1以前生）《老人控除対象配偶者に該当》	(①)	配偶者控除
	□ 48万円以下かつ年齢70歳未満	(②)	
	□ 48万円超95万円以下	(③)	配偶者特別控除
	□ 95万円超133万円以下	(④)	
区分Ⅱ		（上の①～④を記載）	

区分Ⅱ

②	③	④（上記「配偶者の本年中の合計所得金額の見積額((1)と(2)の合計額)」(＊印の金額)）							
		95万円超 100万円以下	100万円超 105万円以下	105万円超 110万円以下	110万円超 115万円以下	115万円超 120万円以下	120万円超 125万円以下	125万円超 130万円以下	130万円超 133万円以下
万円	38万円	36万円	31万円	26万円	21万円	16万円	11万円	6万円	3万円
万円	26万円	24万円	21万円	18万円	14万円	11万円	8万円	4万円	2万円
万円	13万円	12万円	11万円	9万円	7万円	6万円	4万円	2万円	1万円
除	配偶者特別控除								

配偶者控除の額
円
配偶者特別控除の額
円

※ 左の「控除額の計算」の表を参考に記載してください。

目に応じて「☆扶養親族等」欄及び「★特別障害者」欄にその該当する者について記載してください。

えありません。

の額を記載する欄はありません。

左記の者の個人番号	左記の者の生年月日	
	明・大・昭 平・令 年 月 日	
あなたと左記の者の住所又は居所が異なる場合の左記の者の住所又は居所	左記の者のあなたとの続柄	左記の者の合計所得金額（見積額）
		円

★特別障害者	特別障害者に該当する事実
	（裏面「3－2(4)」を参照）

従者を除きます。）で、本年中の合計所得金額の見積額が48万円以下（給与所得だけの場合は、給与の収入金額が103万円以下）の人を

（図表 3-1）年末調整の3枚の用紙

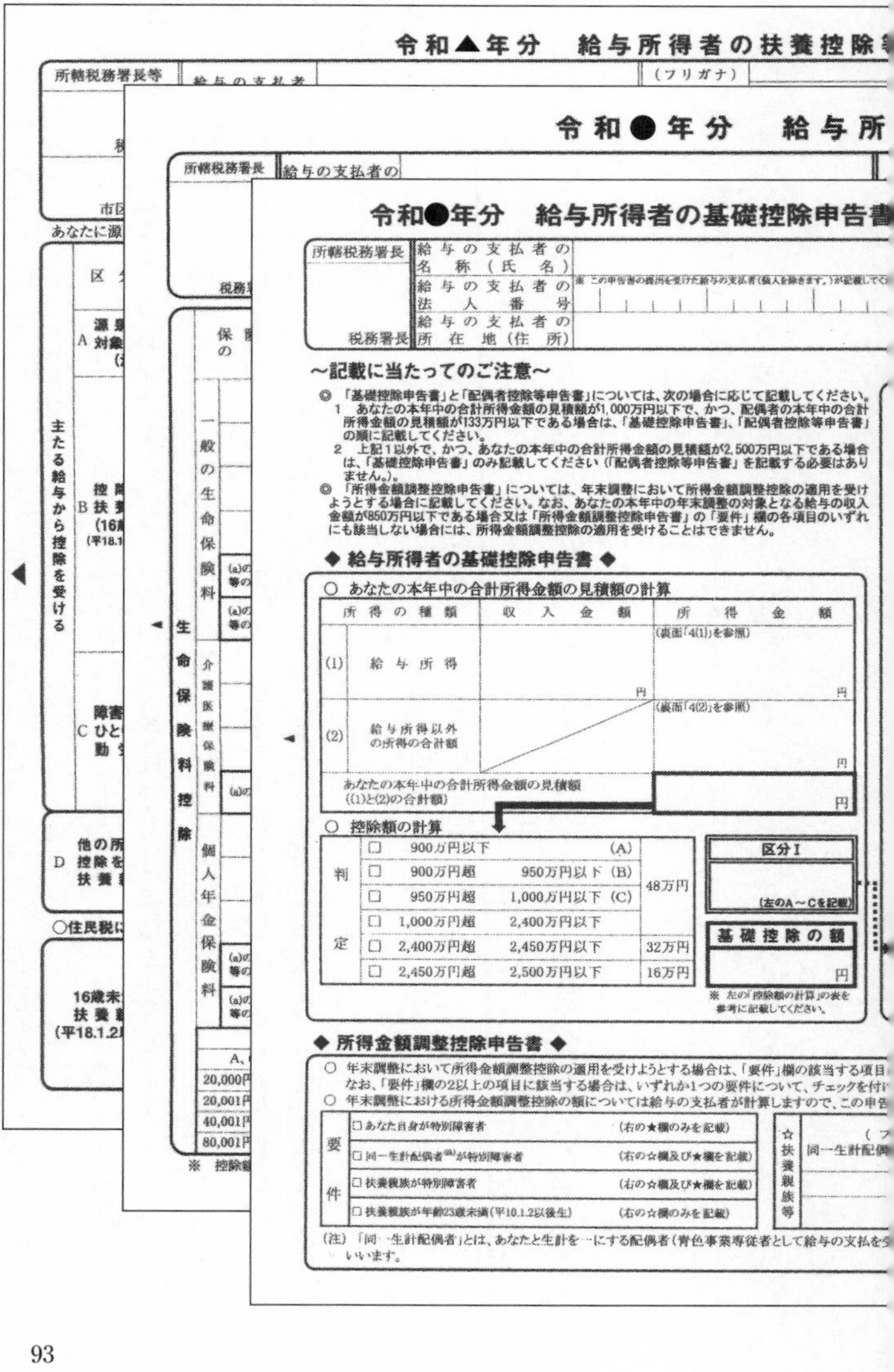

令和●年分　給与所得者の基礎控除申告書

所轄税務署長	給与の支払者の名称（氏名）	
	給与の支払者の法人番号	※ この申告書の提出を受けた給与の支払者（個人を除きます。）が記載してく
税務署長	給与の支払者の所在地（住所）	

～記載に当たってのご注意～

◎「基礎控除申告書」と「配偶者控除等申告書」については、次の場合に応じて記載してください。
1　あなたの本年中の合計所得金額の見積額が1,000万円以下で、かつ、配偶者の本年中の合計所得金額の見積額が133万円以下である場合は、「基礎控除申告書」、「配偶者控除等申告書」の順に記載してください。
2　上記1以外で、かつ、あなたの本年中の合計所得金額の見積額が2,500万円以下である場合は、「基礎控除申告書」のみ記載してください（「配偶者控除等申告書」を記載する必要はありません。）。
◎「所得金額調整控除申告書」については、年末調整において所得金額調整控除の適用を受けようとする場合に記載してください。なお、あなたの本年中の年末調整の対象となる給与の収入金額が850万円以下である場合又は「所得金額調整控除申告書」の「要件」欄の各項目のいずれにも該当しない場合には、所得金額調整控除の適用を受けることはできません。

◆ 給与所得者の基礎控除申告書 ◆

○ あなたの本年中の合計所得金額の見積額の計算

	所得の種類	収入金額	所得金額
(1)	給与所得	円	（裏面「4(1)」を参照）円
(2)	給与所得以外の所得の合計額		（裏面「4(2)」を参照）円
あなたの本年中の合計所得金額の見積額（(1)と(2)の合計額）			円

○ 控除額の計算

判定			
☐	900万円以下	(A)	48万円
☐	900万円超　950万円以下	(B)	48万円
☐	950万円超　1,000万円以下	(C)	48万円
☐	1,000万円超　2,400万円以下		48万円
☐	2,400万円超　2,450万円以下		32万円
☐	2,450万円超　2,500万円以下		16万円

区分I（左のA～Cを記載）

基礎控除の額　円

※ 左の「控除額の計算」の表を参考に記載してください。

◆ 所得金額調整控除申告書 ◆

○ 年末調整において所得金額調整控除の適用を受けようとする場合は、「要件」欄の該当する項目
なお、「要件」欄の2以上の項目に該当する場合は、いずれか1つの要件について、チェックを付け
○ 年末調整における所得金額調整控除の額については給与の支払者が計算しますので、この申告

要件		
☐	あなた自身が特別障害者	（右の★欄のみを記載）
☐	同一生計配偶者（注）が特別障害者	（右の☆欄及び★欄を記載）
☐	扶養親族が特別障害者	（右の☆欄及び★欄を記載）
☐	扶養親族が年齢23歳未満（平10.1.2以後生）	（右の☆欄のみを記載）

☆ 扶養親族等　（フ　同一生計配偶

（注）「同一生計配偶者」とは、あなたと生計を一にする配偶者（青色事業専従者として給与の支払を受
いいます。

――会社から言われた提出期限は11月中だったかな？　もっと前ですよ。

そうですよね。だから予定を確定するなんて言いましたが、やっぱりまだ多少は予定になっちゃうんです。大部分は確定しているので、それでよしとしましょう。

たとえば、人的控除、覚えてますか？　配偶者控除や扶養控除など人に関わる控除ですね。人的控除は年齢が関係するものが多くあります。その年齢は、年末12月31日時点のものになります。記入している日から大晦日までに誕生日を迎える人は、大晦日時点での年齢が基準になりますから、注意してください。

――1月1日に配偶者になって12月30日に離婚して配偶者でなくなったとしても？

はい。364日のことはなかったことになりますね（笑）。

ただし、ひとつだけ例外があります。死亡のときは、亡くなったのが1月1日であろうが12月31日であろうが、その時点で扶養の実態があれば、その年の扶養控除の対象とすることができます。

◇ついに念願の「配偶者特別控除」を申告！

――毎年思うんですけど、字が小さくて記入欄もせまくて、とにかくめんどくさい！

おっしゃるとおり。高橋さんに同意します。でも、前回、源泉徴収票から所得税を求めたり、給与明細から個人住民税を求めたりしたので、基本はできているから簡単ですよ。

では、さっそく今年分の「給与所得者の基礎控除申告書　兼　給与所得者の配偶者控除等申告書　兼　所得金額調整控除申告書」の書き方から、見ていきましょう。どうでもいいんですけど、この用紙の名前、どう思います？

（図表 3-2）年末調整書類「給与所得者の基礎控除申告書」記入欄

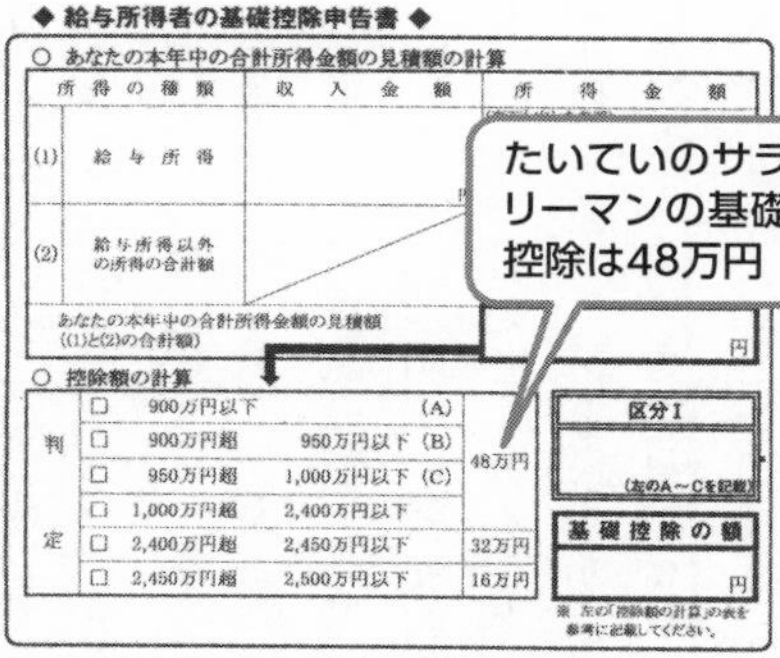

——落語の「寿限無《じゅげむ》」ですね（笑）

ホントですね（笑）。今まで予定で源泉徴収した所得税に対して、もう一度、所得や控除が実態に合っているかを確認し、必要があれば修正を加えるための用紙です。

——ということは、配偶者特別控除がこの紙でできる……。

そうですよ（笑）。まず一番上は基本情報ですね。「給与の支払者」は会社。「あなた」は納税者個人です。

次は左の中ほど、ここは基礎控除の金額を確定させる「給与所得者の基礎控除申告書」のブロック。はっきり言っちゃいますけど、ブロックの右下、太枠の「基礎控除の額」のところはだいたい48万円です（笑）。

——2400万円超稼いでいる人以外は。

はい。この「基礎控除の額」の欄と、「(1)給与所得の収入金額」は1年間もらった給与・賞与、つまり給与明細「総支給額」の合計です。年間の総支給額がわからないと書けないので、会社で書いてくれることが一般的です。

隣の「所得金額」に何を書くかは覚えていますか？

——「サラリーマンの必要経費」を引いた金額ですね。

素晴らしい！　そのとおりです。ここも従業員が書くことはまずないと思いますが、いちおう計算しておきますね。高橋さんの年間の総支給額は昨年と同じ４４０万円で確定しているとして、給与所得控除額を計算して引くと……電卓ぽんぽんと、３０８万円。

その下、「(2)給与所得以外の所得の合計額」は、何か他に所得があったら書きます。副業とかないですか？

——ありません。

では空欄でOKですね。その下の太枠は小計なので308万円。下の「控除額の計算」は一番上の900万円以下にチェックを入れて、右の「区分I」は「A」ですね。それで、基礎控除は48万円。

（図表 3-3）給与所得控除の計算式（再掲）

給与等の収入金額 (給与所得の源泉徴収票の支払金額)		給与所得控除額
	1,625,000円まで	550,000円
1,625,001円から	1,800,000円まで	収入金額×40%-100,000円
1,800,001円から	3,600,000円まで	収入金額×30%+80,000円
3,600,001円から	6,600,000円まで	収入金額×20%+440,000円
6,600,001円から	8,500,000円まで	収入金額×10%+1,100,000円
8,500,001円以上		1,950,000円（上限）

※国税庁ホームページより

これ、こないだから一緒に勉強したから簡単ですけど、これはじめて見た人、わかるわけがないですよね。

――絶対にわからないっていう自信があります。

ねえ。でも今は意味わかりますよね？

――かなりバッチリわかります。

素晴らしい！　ではいよいよ真ん中の右側、「給与所得者の配偶者控除等申告書」のブロック。

――ついにきた！

ははは。まず配偶者の氏名、個人番号、つまりマイナンバーですね。それと生年月日を書きます。

――妻のマイナンバーわかりません。

おうちでゆっくり書いてください（笑）。次の収入と

（図表 3-4）「配偶者の本年中の合計所得金額の見積額の計算」記入欄

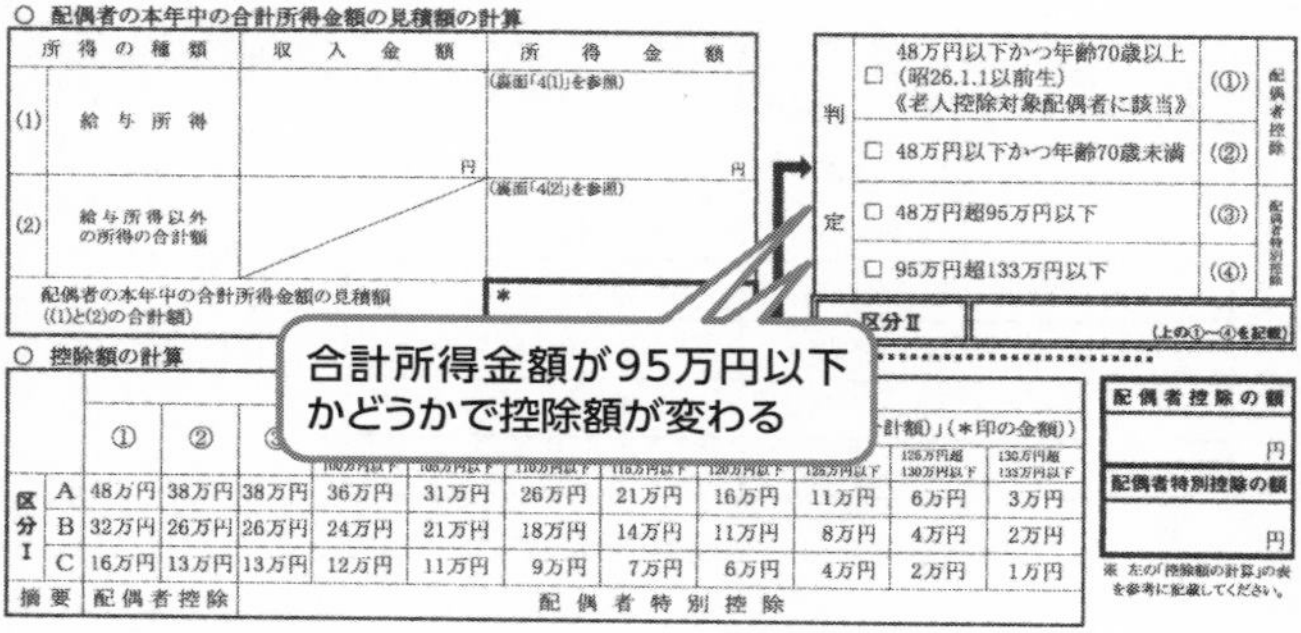

所得金額は先ほどと同様です。もし、奥さんの給与所得が150万円であれば、給与所得控除は55万円（69ページ図表2－2）なので、「150万円引く55万円」で所得金額は95万円になりますね。これちょうど95万円以下か、95万円超かで控除額が変わるので、正確に計算してくださいね。

――えっ？　そうなんですか？

はい。「判定」ってところで、③になるか④になるかですね。ギリギリなら、できるだけ額面で150万円を超えないようにすると、手取りが増えますよ。

全部が埋まったら、ブロックの右下……。

――配偶者特別控除！　ここに36万か、38万ですね。

そのとおり！　もはや執念さえ感じますよ（笑）。

◇〝配偶者の年収はいくらにするのが一番お得か〟問題

——年末調整から少しズレますが、結局、妻のパートってどれくらいがお得なんですか？

それはなかなか難しい問題なんですよ。まずは配偶者の「パートタイム労働の壁」を把握しておきましょうね。配偶者のパートタイム労働には、扶養控除などを受ける上でいくつかの「壁」があります。

——ああ、なんか聞いたことあります。意味がわかっていませんが……。

まず、あまり有名じゃない「１００万円の壁」。１００万円を超えると、個人住民税が発生します。ただし、年間７０００円とかなので、あまり縛られる必要はないでしょう。

次はとても有名な「１０３万円の壁」。これは、扶養者の所得から配偶者控除38万円を差し引ける上限です。ですから、とても重要な壁だったのですが、現在ではそれほどでもなくなってきました。なぜだかわかりますよね？

——はい。配偶者特別控除ができたから。

そのとおりです。配偶者特別控除が１５０万円まで同じ38万円の所得控除をカバーしてくれるようになったため、まるで現在の「ベルリンの壁」のように、意識しなくてもよくなりました。ただし、いまだに重要な壁であるケースも多いです。

——どういうことですか？

高橋さんの会社もそうですよ。この103万円の壁を下回っていることを根拠に「家族手当」を出しているケースがあるからです。年末調整の申告を参照して、手当を決めているというわけです。

——そうでした。うちの社の場合は月1万5000円。大きいです。

それと、103万円を超えると奥さん自身に所得税が発生します。1000円未満切り捨てなので、正確に言うと103万1000円からですね。ちなみにその場合、1000円の5%なので所得税の年額は50円です。それでも納税義務が発生するわけです。

——なるほど。次の壁はいくらでしょうか？

はい、もっとも高くそびえ立つのが「130万円の壁」です。これは安易に超えてはならない壁なんです。

——どうしてですか？

それまでは夫の社会保険に入ることができたのですが、年収130万円以上の人は自分で社会保険に入らないといけなくなるからです。条件によって上下しますが、だいたい年間18万６０００円くらいの支出になります（１３０万円以下でも、１週間の所定労働時間が20時間以上の継続雇用の場合は、雇用保険の加入義務が発生。年間３０００円程度）。

——たとえば１２９万９９９９円から１円増えるだけで……。

はい、その1円増えることによって、手取りが年間で18万６０００円も減ってしまうという恐ろしい壁なのです。ここには、前にもお伝えしたとおり通勤手当も含まれます。

でも、少しだけいいこともあって、まず妻は社会保険料控除が使えるようになるので、自分が支払う税金が安くなります。それから、年金の掛金がプラスされるため、妻が将来受け取る年金が多くなります。とはいえ、いずれも「少し」という程度であり、社会保険料の出費を穴埋めできるようなものではありません。

——なるほど。ではこの壁を超えるときは……。

はい、１３０万円を少し超えるくらいでなく、突き抜けるくらい稼がないと、損になってしまうのです。

ここで注意しなくてはならないのが、「大企業なら、この壁が１０６万円まで下がる」というルールです。

——なんですかそれは？

（単位：円）

高橋君の配偶者				家計全体		
社会保険料	所得税	住民税	手取り合計	家計総収入	前段階との差額	100万円収入の時との差額
-3,000	0	0	997,000	4,515,120	0	0
-3,744	-11,000	-29,000	1,206,256	4,721,876	206,756	206,756
-189,624	-4,000	-15,500	1,090,876	4,606,496	-115,380	91,376
-217,260	-13,300	-33,600	1,245,840	4,760,460	153,964	245,340
-258,660	-22,500	-51,500	1,467,340	4,954,760	194,300	439,640

パート勤務先の従業員数が501人以上の場合は、2016年から130万円ではなく106万円からになったんです（2022年からは101人以上の企業にも適用）。

――ほかにも「壁」はありますか？

まあ、あるといえばありますが、最大はなんといっても130万円。次は150万ですが、これは配偶者特別控除「満額38万円」の壁です。これを超えると夫が控除できる額が少しずつ減っていき、201万6000円を超えると配偶者特別控除は受けられなくなります。

さて、このような壁があるということを把握した上で、高橋さんご夫婦を例にシミュレーションしてみましょう。

奥さんの収入が100万円、125万円、130万円、150万円超（151万円）、180万円の場合、夫婦の総収入がどうなるか？　ちょっと計算してみますと……ざっと、こんな感じです（図表3－5）。

(図表 3-5) 配偶者の収入別、家計総収入 (高橋家の場合)

	高橋君				
配偶者収入	総収入金額	社会保険料	所得税	住民税	手取り合計
100 万円	4,400,000	−632,280	−81,000	−168,600	3,518,120
125 万円	4,400,000	−632,280	−81,000	−171,100	3,515,620
130 万円	4,400,000	−632,280	−81,000	−171,100	3,515,620
150万円超(151万円)	4,400,000	−632,280	−82,000	−171,100	3,514,620
180 万円	4,400,000	−632,280	−92,200	−188,100	3,487,420

——奥さんが年125万円稼いだケースと130万円稼いだケースでは、125万円のほうが家計の総収入が高くなっちゃうんですね。

そうですね。あくまで高橋さんの収入や控除にもとづいた家計シミュレーションですけれど、125万円と比べて5万円多く働いても、家計の総収入としては10万円以上減ってしまうことになります。

——130万円に達すると厳しいんですね。

150万円超(151万円)奥さんが稼いでも、125万円のときとあまり大差ないですね(4万円弱)。これがもっと大きく振り切って180万円まで行くと、ずいぶんと家計収入は増えることになります。

——たしかに。

近年、どんどん制度が変わってきていて、傾向としては女性も働いてほしい、稼いでほしいというものになっています。この傾向はますます進んでいくと思います。

……というよりも、ここまでの言葉使いを全部改めないといけないかもしれませんね。

——どういうことですか？

なんのためらいもなく、「主婦パート」という言葉を使ったり、夫婦のうちメインの稼ぎ手が夫で、妻はパートでサブの稼ぎ手という前提で語ったりしてきましたが、必ずしもそう決めつけることはないわけです。

欧米では子どもが生まれたあと、女性の仕事を優先させ、男性が家事育児をおもに担当することも珍しいことではありません。もちろん日本でもトップセールスの女性とか、女性管理職、女性経営者……まったく珍しいことではなくなっています。「主夫」を選択する男性がいたって何も問題ありませんよね。

——そのとおりですね。

若い人たちの価値観や考え方は変わってきていますので、今後は日本でもそうしたケースが増えていくでしょうね。

◇850万円超の高給取りは知っておきたい「所得金額調整控除」

年末調整に話を戻しましょう。一番下の段は、新しく令和2年から新設された「所得金

（図表 3-6）「所得金額調整控除申告書」記入欄

◆ 所得金額調整控除申告書 ◆

○ 年末調整において所得金額調整控除の適用を受けようとする場合は、「要件」欄の該当する項目にチェックを付け、その項目に応じて
なお、「要件」欄の2以上の項目に該当する場合は、いずれか1つの要件について、チェックを付け記載をすることで差し支えありません
○ 年末調整における所得金額調整控除の額については給与の支払者が計算しますので、この申告書に所得金額調整控除の額を記載す

要件		
	□ あなた自身が特別障害者	（右の★欄のみを記載）
	□ 同一生計配偶者(注)が特別障害者	（右の☆欄及び★欄を記載）
	□ 扶養親族が特別障害者	（右の☆欄及び★欄を記載）
	□ 扶養親族が年齢23歳未満（平10.1.2以後生）	（右の☆欄のみを記載）

☆扶養親族等	（フリガナ） 同一生計配偶者又は扶養親族の氏名	左 記
		あなた 異なる

（注）「同一生計配偶者」とは、あなたと生計を一にする配偶者（青色事業専従者として給与の支払を受ける人及び白色事業専従者を除きま
いいます。

額調整控除」のブロックです。高橋さんは該当しないので、何も書かなくてＯＫです。

——ちなみにどんな控除なんですか？

８５０万円を超える給与所得者で、次のどれかに該当する場合に、控除があります。「本人が特別障害者に該当する」「年齢23歳未満の扶養親族がいる」「特別障害者である同一生計配偶者、または扶養親族がいる」方です。

年収が８５０万円を超える高給取りになったときに備えて、こういう控除があるということだけでも覚えておきましょう。

◇「生命保険料控除」でいくら税金が返ってくるか？

では次の用紙にいきましょうか。「給与所得者の保険料控除申告書」です。これは今年支払った保険料の一部を所得控除するものです。この欄にあるように、民間の「生命保険」「介護医療保険」「個人年金保険」に入っている人は必ず記入しましょう。高橋さん

のように、もし、該当する保険料の支払いがなければ、この用紙は会社に提出する必要はありません。

——私も検討したんですが、考えているうちに、いらない気がして……。

それもひとつの考え方だと思います。社会保険である健康保険や公的年金にけっこうな金額を払っていて、それぞれ立派な医療保険であり、生命保険なんですよね。

——生命保険でもあるのですか？

ええ、年金機構が扱う国民年金、厚生年金は、一定の年齢になったら年金をもらえることになる（老齢年金）のですが、それだけではありません。

若くして亡くなった方によって生計を維持されていた配偶者や子がいたら、「遺族年金」として、その遺族が年金を受け取れることになっています。ケガや病気で一定以上の障害が残った場合には「障害年金」が受給され、子どもや配偶者がいる場合は、その額が加算されたりもします。

公的年金のしくみを理解することは、民間の生命保険のかけ過ぎをなくすことにもつながるんです。

——知りませんでした。

（図表 3-7）「生命保険料控除」記入欄

新・旧によって
控除額が変わる

	保険会社等の名称	保険等の種類	保険期間又は年金支払期間	保険等の契約者の氏名	保険金等の受取人 氏名	保険金等の受取人 あなたとの続柄	新・旧の区分	あなたが本年中に支払った保険料等の金額（分配を受けた剰余金等の控除後の金額）(a)	給与の支払者の確認
一般の生命保険料							新・旧	(a) 円	
							新・旧	(a)	
							新・旧	(a)	
							新・旧	(a)	
	(a)のうち新保険料等の金額の合計額	A 円	Aの金額を下の計算式Ⅰ（新保険料等用）に当てはめて計算した金額		①（最高40,000円）円		計（①＋②）	③（最高40,000円）円	
	(a)のうち旧保険料等の金額の合計額	B 円	Bの金額を下の計算式Ⅱ（旧保険料等用）に当てはめて計算した金額		②（最高50,000円）円		②と③のいずれか大きい金額	㋑ 円	
介護医療保険料								(a) 円	
								(a)	
								(a)	
	(a)の金額の合計額	C 円					Cの金額を下の計算式Ⅰ（新保険料等用）に当てはめて計算した金額	㋺（最高40,000円）円	
個人年金保険料							新・旧	(a) 円	
							新・旧	(a)	
							新・旧	(a)	
	(a)のうち新保険料等の金額の合計額	D 円	Dの金額を下の計算式Ⅰ（新保険料等用）に当てはめて計算した金額		④（最高40,000円）円		計（④＋⑤）	⑥（最高40,000円）円	
	(a)のうち旧保険料等の金額の合計額	E 円	Eの金額を下の計算式Ⅱ（旧保険料等用）に当てはめて計算した金額		⑤（最高50,000円）円		⑤と⑥のいずれか大きい金額	㋩ 円	

生命保険料控除

計算式Ⅰ（新保険料等用）※		計算式Ⅱ（旧保険料等用）※		生命保険料控除額
A、C又はDの金額	控除額の計算式	B又はEの金額	控除額の計算式	計（㋑＋㋺＋㋩）（最高120,000円）
20,000円以下	A、C又はDの全額	25,000円以下	B又はEの全額	
20,001円から40,000円まで	（A、C又はD）×1/2＋10,000円	25,001円から50,000円まで	（B又はE）×1/2＋12,500円	
40,001円から80,000円まで	（A、C又はD）×1/4＋20,000円	50,001円から100,000円まで	（B又はE）×1/4＋25,000円	
80,001円以上	一律に40,000円	100,001円以上	一律に50,000円	円

※　控除額の計算において算出した金額に1円未満の端数があるときは、その端数を切り上げます。

「生命保険」「介護医療保険」「個人年金保険」それぞれ最高4万円（新保険料の場合）、合計で最高12万円の控除（所得税）

計算式に則って
控除額を算出

もちろん、世の中にはいろんな保険がありますから、検討してみたらいいと思います。税金的にいえば、生命保険、個人年金保険、介護医療保険の3種類の保険について、その年に払い込んだ保険料に応じて、所得税に関してはそれぞれ最大4万円（支払保険料が年8万円以上の「新保険料」の場合。詳しくは後述）、3種類の保険で合計12万円まで課税所得額から所得控除されます。

個人住民税の控除額は、各2万8000円ですが、合計した場合は2万8000円×3＝8万4000円ではなく、最大7万円が上限です。

ただ、所得税、個人住民税で書き分ける必要はなく、保険会社から送られてくる控除証明書の記載内容をこの欄に書き写せば、あとは所得税・個人住民税を自動的に控除してくれるようにできています。

――ちなみに、4万円の控除ということですが、僕のように所得税率が10％の人の場合は、4万円×10％＝4000円、3種類の保険に入っていれば1万2000円が返ってくる、という計算で合ってますか？

そうですね。ただし、4万円というのは年間8万円以上の保険料を支払った人に対してで、8万円未満の場合は、もう少し少なくなります。一番下の欄の計算式に則って計算すれば控除額が出てくるようになります。

「新保険料」「旧保険料」によっても計算方法が違っています。これについては、契約日が平成24年1月1日以後に新規契約した保険かどうかなど、いくつかの区分け基準があるのですが、これも保険会社から送られてくる控除証明書に新・旧が記載されているので、それに従えばＯＫです。

――なるほど。こう見ていくと、生命保険に入っていたほうが得なのかな？

実際には控除額以上の保険料を支払っているわけですから、控除のためだけに入るっていうのはナンセンスだと思います。ただ、高橋さんにとって必要な保険だということなら、入っていると税金面でもそれなりの見返りがありますよ、というくらいの認識でいるのがいいと思います。

――そうですね。わかりました。

次は右側上段の「地震保険料控除」にいきましょう。

――最近はあちこちで地震が多いので、ちょっと心配です。

地震保険料も、生命保険と同様に所得控除されます。日本は地震大国ですから、東日本大震災の経験を踏まえ、できるだけ多くの人に地震保険に入ってほしいという国策

（図表 3-8）「地震保険料控除」記入欄

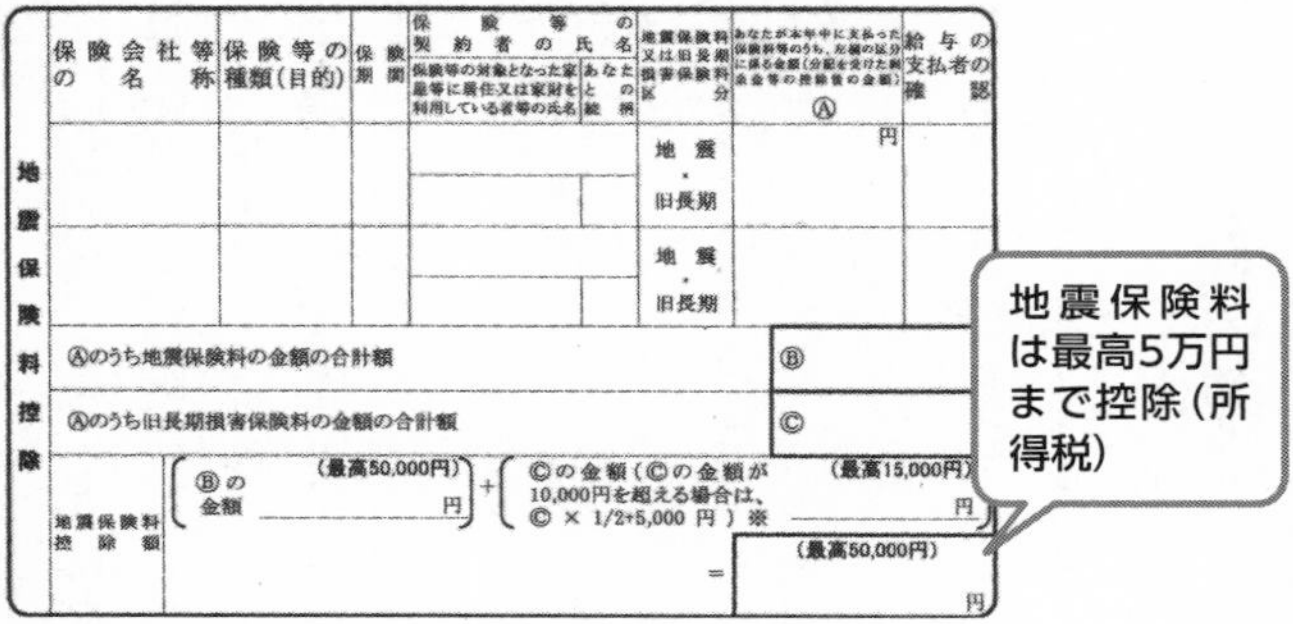

でしょうね。所得税は最大5万円まで、個人住民税は2万5000円まで、所得控除の対象になります。

◇うっかり忘れて損している人が多い「社会保険料控除」

右側中段は「社会保険料控除」です。社会保険料を所得控除するのに使います。

――えっ、社会保険料ですか？　それならすでに月々の給与明細で天引きされていたじゃないですか？

いやいや、会社で天引きされている自身の社会保険料については申告不要なんです。たとえば、生計を一にする家族の国民健康保険料や国民年金保険料の支払いを負担していた場合、本人が転職前に国民健康保険料や国民年金保険料を支払った場合などに、その保険料を所得控除できます。

（図表 3-9）「社会保険料控除」記入欄

家族の社会保険料を負担していたらココに記入

社会保険料控除	社会保険の種類	保険料支払先の名称	保険料を負担することになっている人 氏名	保険料を負担することになっている人 あなたとの続柄	あなたが本年中に支払った保険料の金額
					円
	合計（控除額）				円

注意点として、国民年金の保険料を控除する場合、控除証明書が必要になります。一般の生命保険会社と同じように11月初旬に郵送されます。10月以降に納付した分については、毎年2月16日～3月15日（令和3年は4月15日まで延長）の確定申告で使用できるよう2月上旬に郵送されます。

——逆に言うと、年末調整の用紙に書き忘れたり、確定申告に行かなかったりすると、本来返ってくるべき税金が返ってこなくなるということですね。

そういうことです。社会保険料の申告を忘れる人が多いのですが、先の生命保険料などと違って払った額がそのまま所得から控除されるので、人によってはバカにならない還付金になりますよ。

◇「iDeCo」の節税効果は絶大

右下の欄は、「小規模企業共済等掛金控除」です。

こちらではiDeCoの掛金を所得控除できます。

――出ましたね。iDeCo、ずっと気になっています。

高橋さん、私は今日のメインディッシュはこれじゃないかと思っているんですよ。

――では、さっそくいただきたいです。

はい。もともと日本では企業年金や退職金制度が充実していたのですが、バブル崩壊による長引く不況や高齢化により、その制度がもたなくなってきました。2000年代初頭、「確定拠出年金」という制度が普及してきました。

これは、受け取る年金額が確定しているタイプ（確定給付型年金）ではなく、拠出額が確定している年金のこと。つまり、会社や加入者が拠出した掛金を、加入者自らが運用し、運用の成績により将来の年金受取額が決まるという制度です。世界的な潮流でもあり、「日本版401k」と呼ばれていました。

しかし、企業でどんどん採用されていたかというと、それほど勢いはなかったと思います。拠出された資金を会社が運用するという制度ですが、当時の日本はなかなか投資や運用で成功できない状況だったからかもしれませんね。

確定拠出年金の流れを変えたのが、iDeCoです。「個人型確定拠出年金」という正式名称のとおり、掛金を拠出するのも個人なら、運用するのも個人。

もともと企業年金や退職金をどうしよう……というところから始まったはずですが、「自己責任」の部分から老後の資産作りが活発化したのが面白いところです。

２０２０年８月時点の加入者は約１６９万人。先行き不透明な時代背景もあって、若い人の加入が増えるなど、増加傾向が続いているようです。

――背景はなんとなくわかりました。

次に、制度の概要を説明しましょうね。ｉＤｅＣｏは、老後の資金作りを目的とした年金制度です。国民年金や厚生年金などは公的年金と呼ばれますが、その上に乗る私的年金です。年金制度の３階部分などとも呼ばれます（49ページ図表１－４参照）。

加入者が掛金を拠出し積み立てて、自らの責任で運用するのが大きな特徴。ですから、運用成績によって、将来受け取る金額が増減します。

――資産運用なんてやったことないから自信がないです。

投資にはリスクという考え方があって、価格の上がり下がりが大きなものと、そうでないものがあります。上下動の少ないリスクの小さいものはあまり元本が増えないけれど安全性が高い。ｉＤｅＣｏでは元本保証の商品を選ぶという選択肢もあります。

逆に、価格が上下動する商品は、リスクは大きいですが、元本を大きく増やせる可能性がある。このあたりを組み合わせながら運用するわけです。資産は60歳以降になったら一括か分割で受け取ります。

そして何よりｉＤｅＣｏが普及している大きな理由は、税制優遇です。これがかなり見逃せないメリットです。

まずは、「所得控除」。ｉＤｅＣｏで積み立てた掛金は、全額が所得控除されます。1年分の掛金がその年の課税所得から差し引かれますので、所得税や個人住民税が下がります。

——全額とは大きいですね。青天井なんですか？

いやいや、さすがにそれはないですよ（笑）。次の表（図表３－10）のように職業タイプによって上限額が違うのですが、企業型確定拠出年金（企業型ＤＣ）に加入していないサラリーマンや専業主婦（夫）であれば月２万３０００円、年額27万６０００円まで所得控除できます。

——生命保険料控除が最大４万円だということを考えれば、27万６０００円の控除というのは大きいですね。

そうです。たとえば税額にすれば、個人住民税10％として２万７６００円です。所得税なら税率５％でも１万３８００円。もし、高橋さんもお給料が上がって税率20％になれば

(図表3-10) iDeCoの拠出額の上限

国民年金保険の加入状況	具体例	掛金の拠出額の上限
第1号被保険者	自営業者など	月額6.8万円（年額81.6万円）
第2号被保険者	企業型DCのない会社の会社員	月額2.3万円（年額27.6万円）
	企業型DCに加入している会社員	月額2.0万円（年額24万円）
	DB加入者、公務員	月額1.2万円（年額14.4万円）
第3号被保険者	専業主婦（夫）など	月額2.3万円（年額27.6万円）

注1　企業型DC：企業型確定拠出年金　注2　DB：確定給付型企業年金

※りそな銀行ホームページより改変

5万5200円の節税効果です。

運用利回りがどうなるかはやってみなければわかりませんが、はじめからこれだけの利息が約束されているともいえますよね。

この超低金利の時代、定期預金でもメガバンクで0・002%程度とスズメの涙のような利息ですから、事実上5%から20%超の金利が付くというのは大きいですね。

さらに、運用で得た収益が非課税というメリットもあります。

通常の金融商品であれば、定期預金でも投資信託でも、その約20%が税金として差し引かれます（令和19年までは復興特別所得税が加算されて20・315%）。その点、iDeCoの場合は、運用で獲得した利益はすべて非課税です。
さらに、60歳になって資産を受け取るときにも優遇があります。
一括で受け取る場合は「退職金」と見なされ、「退職所得控除」が受けられます。
分割で受け取る場合には、「公的年金の受け取り」と見なされ、公的年金等控除が受けられます。

——なんだか、至れり尽くせりですね。

ここまでやったことで、やはり利にさとい人が動き、ブームになっているのでしょうね。

——iDeCoには誰でも入れるんですか?

いくつか加入できないケースがあります。60歳以上の方、海外在住者、国民年金保険料を払っていない方、農業者年金に加入している方はiDeCoを利用できません。
企業型確定拠出年金(企業型DC)を導入している企業に勤務するサラリーマンは、企業がiDeCoへの加入を認めていなければNGなので要注意です。

——ちょっと確認ですが、60歳になるまでは受け取れないんですか?

はい、そうです。それがiDeCoの唯一ともいえるデメリットです。特別な事情がない限り、中途解約ができません。だから、余裕資金で行うべきであって、60歳前の急な出費にも備えるなら、別途それを確保した上で、iDeCoを行うのがいいでしょうね。

――60歳まで中途解約できないとなると、ちょっとプレッシャーですね。

そのとおりです。でも、多少の余裕資金があり、手元にあるとつい使っちゃうという人にとっては、銀行口座から自動的に天引きされて60歳まで引き出せないというのは、かえっていい縛りになる、と考える人もいるようですよ。

――そういう考え方もできますね。

それに、最初は少なめの掛金で始めて、所得がアップして余裕資金が多くなったら、上限額の範囲の中で掛金を増やしていく、ということもできます。最初はリスクの低い商品で試してみて、自信がついたら高リスク商品に切り替えることもできるので、やり方はいろいろあると思います。

――あ、そういう始め方もありなんですね。

そうです。ただ、先ほど60歳になるまで受け取れないのが唯一のデメリットと言いましたが、手数料がかかることをお伝えし忘れていました。iDeCoは加入手数料や口座管理手数料、投資信託の信託報酬などの手数料がかかります。だいたい年間のランニングコストは2000〜7000円程度といったところですかね。

（図表 3-11）「小規模企業共済等掛金控除」記入欄

	種類	あなたが本年中に支払った掛金の金額
小規模企業共済等掛金控除	①独立行政法人中小企業基盤整備機構の共済契約の掛金	円
	②確定拠出年金法に規定する企業型年金加入者掛金	
	③確定拠出年金法に規定する個人型年金加入者掛金	276,000 円
	④心身障害者扶養共済制度に関する契約の掛金	
	合　計（控除額）	276,000 円

iDeCoに加入している人はココに記入

投資商品のラインナップも手数料も金融機関によって異なります。比較サイトもありますから、専用口座を作って始める前に、チェックしておくといいですよ。

――元本保証みたいなリスクを避けた運用をするときは、手数料はネックですよね。

そうですね。それでも、節税効果だけでも確実に手数料分は相殺できます。

では、iDeCoをやっていたという前提で年末調整の「小規模企業共済等掛金控除」の欄への記入方法を見ておきましょうか。

この控除の対象になる掛金には、①小規模企業共済の掛金、②企業型確定拠出年金（企業型DC）の掛金、③個人型確定拠出年金（iDeCo）の掛金、④心身障害者扶養共済の掛金の４種類があります。ｉＤｅＣｏは上から３つ目になりますので、ここに１年間の掛金合計を記入すればいいわけです。

◇来年の源泉徴収のベースになる「給与所得者の扶養控除等（異動）申告書」

令和２年から年末調整は用紙が大幅に変わって、３枚組になりました。あと１枚ありますね。

――「給与所得者の扶養控除等（異動）申告書」ですね。

先ほど、高橋さんは無事に配偶者特別控除を申告したのですが、さっきの用紙には配偶者以外の扶養親族について書く欄がありませんでしたよね。それがこちらになります。

――なるほど。この用紙だけ来年分となっていますね。

来年の源泉徴収は、こちらの情報のとおりにします、という意味ですね。といっても、今年の変更についても、こちらに申告すれば修正されるわけです。

――金子のように、同居でない扶養親族を追加したりするのも、この用紙ですね。

はい、そうです。それだけでなく、障害者、寡婦《かふ》、ひとり親、勤労学生の申告も、この用紙で行うことになりました。

なお、この用紙だけは年末調整を行うかどうかにかかわらず、必ず提出する必要があります。扶養親族がいなくても、名前などを書いて会社に出さないといけません。来年の源泉徴収のベースになるものだからです。

――なるほど。で、ここに妻が配偶者特別控除の対象であることを記載すれば、所得税のいくらかが今年のうちに戻ってくるし、来年の源泉徴収の税額も所得税・個人住民税とも下がるということですね。

そのとおりです。

◇子どもが学生アルバイトをしていたら知っておきたいこと

高橋さんや金子さんはまだ関係ないのですが、高校生や大学生の子どもを育てている世代には、扶養控除が適用されます。16歳以上19歳未満の子どもがいる方は、1人につき38万円を、19歳以上23歳未満の子どもがいる方は、1人につき63万円を差し引くことができます。

――大学生世代は大きいですね。

それだけ学費負担も大きいですから。63万円の所得控除というと、10％の税率だった

(図表 3-12) 扶養対象者の年齢別、所得税と個人住民税の控除額

年齢	合計所得金額	所得税控除額	住民税控除額
16〜18歳	一般の控除対象扶養親族	38 万円	33 万円
19〜22歳	特定扶養親族	63 万円	45 万円
23〜69歳	一般の控除対象扶養親族	38 万円	33 万円
70歳以上	老人扶養親族(同居老親等)	58 万円	45 万円
70歳以上	老人扶養親族(その他)	48 万円	38 万円

ら6万3000円。個人住民税は45万円控除ですから10%で4万5000円、合わせて10万8000円、税金が安くなるということです。でも、だからこその落とし穴もあるんですよ。

——どういうことですか?

学生アルバイトの「働きすぎ」です。年収103万円を超えてアルバイトをすると、親の扶養親族にすることができなくなるので、結果的に親の税金が高くなることになります。

——10万8000円の減税がなくなっちゃう?

そういうことです。もしそうなったら大変なので、増える税金相当額を払ってもらうって、子どもに言い含めておかないといけませんね(笑)。

——子ども自身も「103万円の壁」を超えると税金を払わなければならないですか?

大学や専門学校など、学生の場合は、27万円の勤労学生控除という所得控除があるので、給与所得控除55万円+基礎控除

48万円の103万円にプラスされます。したがって、130万円までは課税されないため、申告は不要です。

ただ、逆に確定申告をしたほうがいい場合もあります。

――どういうケースですか？

学生アルバイトでも、源泉徴収を受けている場合は、勤労学生控除を申請することで支払った所得税が戻ってくることがあります。

――学生でも確定申告できるんですか？

もちろんです。所得があれば、納税の義務が発生します。ある一定額の控除があるだけで、それは学生も同じです。アルバイトは、社会経験としていいことだと思います。さらに確定申告を経験すれば、自分の労働と税金について考えるきっかけになっていいかもしれませんね。

――たしかに意識が高くなりそうです。

◇節税効果が特に高い「住宅ローン控除」

ところで、高橋さんも金子さんもお住まいは賃貸なんでしょうかね？

――今のところそうです。うちは頭金用の貯金ができなくてマイホームは夢の彼方です。

いやまあ、賃貸には賃貸の良さがありますからね。イヤになったら引っ越してしまえばいいというのは「身軽」です。持ち家の場合は、ローンの返済にメドが立たない限り、簡単に引っ越すわけにはいきませんからね。資産価値が下がるというリスクや、維持管理費用を自分で負担しなくてはならないデメリットもあります。

ただ、高い家賃を払い続けるなら、住宅ローンを組んで家を買ったほうがいいという考え方もあります。とくに近年ずっと低金利が続いていますし、国の政策として「住宅ローン減税」が定着していますから。

――住宅ローン減税……。聞いたことはあるんですけど、どれくらい控除されますか？

正式名称は「住宅借入金等特別控除」といい、一般的には「住宅ローン控除」、または「住宅ローン減税」などと呼ばれている制度です。2021年中の入居者に適用されている制度は、最大で毎年50万円ずつ10年間。トータル最大500万円が税額控除されます。

――ご、500万円ですって!?

ええ、そうです。ただし、それは「長期優良住宅」や「低炭素住宅」といって、厳しい基準をクリアしたほんの一部の優良な住宅に限った話で、しかも上限金額です。

――そうですよねえ。普通の「住宅ローン減税」の場合はいくら控除されますか？

最大で毎年40万円ずつ10年間。トータル最大４００万円が税額控除されます。

――よ、４００万円ですって!?

リアクションが同じですね（笑）。そうなんですよ。ただし、こちらも上限です。10年間、毎年年末時点での住宅ローン残高の１％が税額控除されます。

つまり、住宅ローン残高が４０００万円以上あれば40万円、残高が２０００万円なら20万円が控除されます。

――それはデカいですねえ。となると、実際の税金はいくら安くなるんですか？

いや、ですから「最大で毎年40万円ずつ10年間。トータル４００万円」って言ってるじゃないですか。

――えっ？　所得から控除されるんじゃなく？

それは所得控除ですよね。この場合は「税額控除」なので、所得税からその金額を差し引きます。だからものすごいインパクトなんですよ。

――年間の所得税から最大で40万円も安くなるだなんて……。

他のものとはレベルが違うんですよね。これぞ「国策」です。

――でも、私の場合、所得税10万１２００円しか払ってないですよ。

その場合は、住民税が安くなるんですよ。もし４０００万円以上のローン残高があったら、所得税の全額が控除されて、さらに差額の29万８８００円が個人住民税から控除されるというしくみになっています。

――住民税も安くなるってことですか？

所得税から引き切れない場合に限って、そういうことになります。国から市町村に通知し、自動的に個人住民税から控除されます。

――年間何十万円も税金が優遇されるなんて……。もう絶対家買います。

なんと単純な（笑）。でも、そういう気にさせるための優遇措置ですから、私はいいと思いますよ。でも、床面積の広さや所得などによって、いろいろ要件がありますので注意してくださいね。

――中古物件でもいいんですか？

築年数や耐震工事など、こちらもいろいろ要件がありますが、中古でもＯＫです。

ここで大事なポイントが二つあります。まず、住宅を購入した年は、いつもどおりの年末調整に加え、翌年必ず確定申告をすること。通常、サラリーマンには縁のない確定申告ですが、住宅ローン控除を受けるためには必須ですので注意してくださいね。2年目以降は確定申告の必要はなく、年末調整のときに金融機関から発行される「住宅ローンの残高証明書」と、税務署から届く「給与所得者の住宅借入金等特別控除申告書」に必要事項を記載して勤務先に提出すればＯＫです。

もう一つのポイントは、頻繁に制度変更があるということ。経済状況などによって特例が実施されることもよくあります。住宅購入を検討する際は、ニュースなどに注意したり、販売会社に確認したりするのをお忘れなく！

――わかりました。よし、最大４００万円の税額控除を目指してがんばります！

なんだか微妙に方向性がズレてる気もしますが、がんばってください（笑）。

――今回もいろいろ懸案事項が片付きました。本当にありがとうございました。

高橋さんも、だんだんマネーとタックスの知識が増えてきましたね。

――めんどうな年末調整もメドがついてスッキリです。では、よいお年を！

早いなあ。まだ11月ですよ（笑）。

第4章

頭のいいサラリーマン、ひとつ上の節税術

——ふるさと納税、医療費……
「確定申告」で所得税・住民税をダブルで下げる

◇サラリーマンも確定申告で手取りを増やせる

高橋さん、こっちこっち！　明けましておめでとうございます！

――おめでとうございます。本年もよろしくお願いいたします。昨年、梅田先生には、大変お世話になりました。

いえいえ、こちらも楽しくやらせてもらっていますよ。となると、今日は確定申告でしょうかね？

――よくわかりましたね。そうなんです。ちょっと金子からいろいろと情報をキャッチしましたので、またいろいろ伺えたらと思って。

わかりました。ところでどんな情報でしたか？

――金子のすべてが丸裸になりました。

なんのことですか？

――まず、この給与明細に反映されている、おととしの年末調整の情報を全部聞いてきました。あいつ、「ずいぶん熱心に研究しているみたいだから、特別に教えてあげるよ」って言って。ちょっと上から目線でシャクに障りましたけど。

いや、いい友だちじゃないですか。モチベーションが上がる教材を提供してくれるんですから。

――たしかにそうですね。それによると、生命保険は１種類だけで年間８万円ちょっとの掛金だから控除額は４万円。ｉＤｅＣｏは枠いっぱいで27万６０００円とのことでした。

なるほど。いい聞き込みでしたね（笑）。これで年末調整時点での計算ができますね。

――はい、さらに聞きました。ふるさと納税を２万円やったのと、家族みんなの医療費の合計が25万円だったので確定申告した、ということでした。

25万円ですか？

――ええ、おとしはお母さんの病気治療と金子の歯の治療でけっこうかかったんだそうです。

ああ、なるほど。医療費25万円ですね。個人住民税がめちゃくちゃ安い謎が解けましたよ。そういうことはあり得ますね。金子さんの前年の確定申告を再現してみましょうか？

――はい、ぜひお願いします。でも、そもそもサラリーマンも確定申告が必要なんですか？

まあ、サラリーマンは確定申告しなくていいように制度が作られていますからね。基本的には必要ないです。さっきあがった、ふるさと納税も５カ所までの寄付ならワンストップ特例制度を使えば、確定申告は不要です。

ただし、サラリーマンをやめた人で、結婚退職など、次の会社に勤めていない人は年末調整ができていませんから、払いすぎた所得税や生命保険料控除などを行うために確定申告をすれば、お金が戻ってくる可能性が高いです。

それと、医療費をたくさん払った年は確定申告しないと損ですよ。あとは副業で稼いだときなんかは必要になります。

——今年は、副業も考えてみようと思ってます。

いいですね。令和元年度の確定申告から、マイナンバー制度の導入によって源泉徴収票の添付が不要になりました。実際にやってみるとわかりますが、インターネット上ですべてできるｅ－Ｔａｘ制度とあわせて、確定申告もずいぶんと手続きが簡素化されましたよ。

——そうなんですね。

◇同じ基本給なのに同僚の所得税率はたった5%……？

高橋さん、少しの間、スマホでも見て待っていてください。持ってきたパソコンでちょっと作業します。

――どうかしましたか？

先に計算してしまいます。

――わかりました。

……………………………………

できました。まずはこれを見てください。これは確定申告の用紙です。確定申告書ではありますが、見やすいので計算書として使いました。国税庁の確定申告用サイトの「国税庁　確定申告書等作成コーナー」に行けば、必要な金額を打ち込むことで税額などを簡単に算出することができるので、そこで試算することもできます。

さて、まずは、確定申告をする前段階、「年末調整までの状況」を確認してみましょう。いっぱいいろいろ用紙があるんですけど、まず1枚目は、「金子さん・年末調整までの計算書」です（図表4－1）。

――なんだか意外とシンプルで年末調整の3枚の用紙よりずっと見やすいです。

見慣れてきましたね。給与の1行目は、高橋さんと同じ440万円に家族手当の18万円を加えた458万円（㋕）。その下の⑥は、サラリーマンの経費（給与所得控除）を引いた額の322万4000円。

区分	項目	番号	金額
所得金額等	利子	④	
	配当	⑤	
	給与 区分	⑥	3224000
	雑 公的年金等	⑦	
	雑 業務	⑧	
	雑 その他	⑨	
	雑 ⑦から⑨までの計	⑩	
	総合譲渡・一時 ㋙＋{(㋚＋㋛)×½}	⑪	
	合計（①から⑥までの計＋⑩＋⑪）	⑫	3224000
所得から差し引かれる金額	社会保険料控除	⑬	666588
	小規模企業共済等掛金控除	⑭	276000
	生命保険料控除	⑮	40000
	地震保険料控除	⑯	
	寡婦、ひとり親控除 区分	⑰～⑱	0000
	勤労学生、障害者控除	⑲～⑳	0000
	配偶者（特別）控除 区分1 区分2	㉑～㉒	380000
	扶養控除 区分	㉓	380000
	基礎控除	㉔	480000
	⑬から㉔までの計	㉕	2222588
	雑損控除	㉖	
	医療費控除 区分	㉗	
	寄附金控除	㉘	
	合計（㉕＋㉖＋㉗＋㉘）	㉙	2222588

区分	項目	番号	金額
	予定納税額（第1期分・第2期分）	㊿	
第3期分の税額（㊾－㊿）	納める税金	51	00
	還付される税金	52	△
その他	公的年金等以外の合計所得金額	53	
	配偶者の合計所得金額	54	0
	専従者給与（控除）額の合計額	55	
	青色申告特別控除額	56	
	雑所得・一時所得等の源泉徴収税額の合計額	57	
	未納付の源泉徴収税額	58	
	本年分で差し引く繰越損失額	59	
	平均課税対象金額	60	
	変動・臨時所得金額 区分	61	
延納の届出	申告期限までに納付する金額	62	00
	延納届出額	63	000

お忘れなく。

還付される税金の受取場所：銀行 金庫・組合 農協・漁協　本店・支店 出張所 本所・支所
郵便局名等　預金種類：普通 当座 納税準備 貯蓄
口座番号 記号番号

整理欄：区分 A B C D E F G H I J K
異動 年 月 日 L
管理　名簿
補完　確認

税理士署名押印 電話番号　－　－　㊞

税理士法書面提出 30条 33条の2

(図表 4-1) 金子君の所得税概算書（年末調整時）

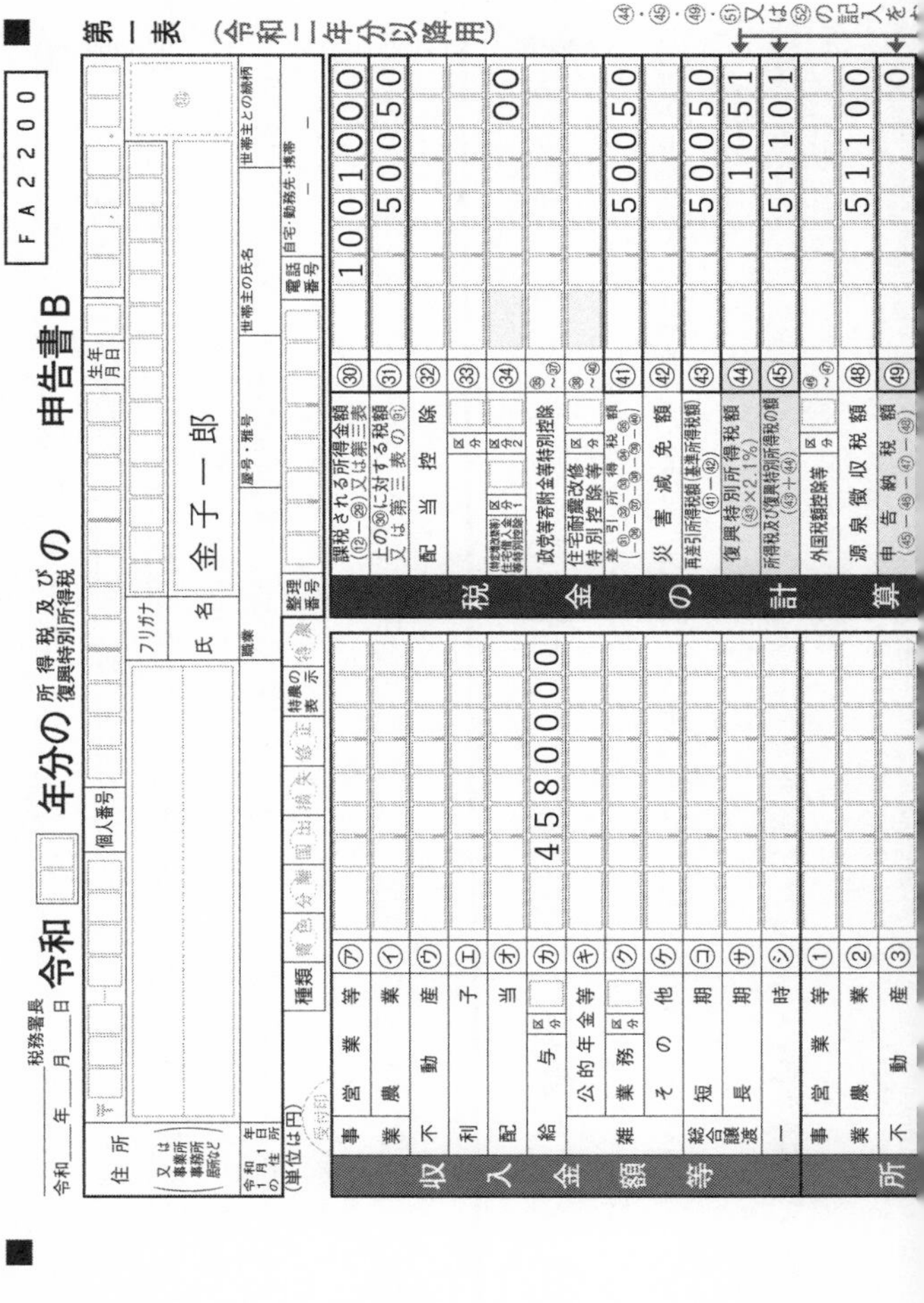

FA2200

税務署長

令和＿年＿月＿日　令和□年分の所得税及び復興特別所得税の　申告書B

第一表（令和二年分以降用）

住所（又は事業所事務所居所など）	〒
個人番号	
生年月日	
フリガナ	
氏名	金子一郎
令和 年1月1日の住所	
職業	
屋号・雅号	
世帯主の氏名	
世帯主との続柄	
電話番号	自宅・勤務先・携帯 － －
整理番号	
種類	青色 分離 国出 損失 修正 特農の表示 特農

(単位は円)　受付印

区分	項目	記号	金額
収入金額等	事業 営業等	㋐	
	事業 農業	㋑	
	不動産	㋒	
	利子	㋓	
	配当	㋔	
	給与 区分	㋕	4580000
	雑 公的年金等	㋖	
	雑 業務 区分	㋗	
	雑 その他	㋘	
	総合譲渡 短期	㋙	
	総合譲渡 長期	㋚	
	一時	㋛	
所	事業 営業等	①	
	事業 農業	②	
	不動産	③	

区分	項目	番号	金額
税金の計算	課税される所得金額（⑫－㉙）又は第三表	㉚	1001000
	上の㉚に対する税額又は第三表の91	㉛	50050
	配当控除	㉜	
	区分	㉝	
	（特定増改築等）住宅借入金等特別控除 区分1 区分2	㉞	00
	政党等寄附金等特別控除	㉟～㊲	
	住宅耐震改修特別控除等 区分	㊳～㊵	
	差引所得税額（㉛－㉜－㉝－㉞－㉟－㊱－㊲－㊳－㊴－㊵）	㊶	50050
	災害減免額	㊷	
	再差引所得税額（基準所得税額）（㊶－㊷）	㊸	50050
	復興特別所得税額（㊸×2.1%）	㊹	1051
	所得税及び復興特別所得税の額（㊸＋㊹）	㊺	51101
	外国税額控除等 区分	㊻～㊼	
	源泉徴収税額	㊽	51100
	申告納税額（㊺－㊻－㊼－㊽）	㊾	0

㊹・㊺・㊾・51又は52の記入をお…

——⑬から下は所得控除ですね。ああ、これは見やすい。⑭iDeCoで、⑮が生命保険、しっかり入りましたね。配偶者控除、扶養控除、基礎控除。ああ、全部意味がわかります。

素晴らしい！　そこまでの所得控除の合計が、㉕222万2588円です。では、今度は右の列に行きますよ。一番上、㉚は所得控除後で100万1000円です。㉛が所得税額で5万50円ですね。さて税率はいくらでしょうか？

——明らかに5％ですね。わかりやすい数字になってますね。

はい、こちらの速算表（73ページ図表2－3参照）で見ても間違いありません。

——えっ、でも、ちょっと待ってください。僕の所得税が10％で、金子の所得税は5％ということですか？

そういうことになりますね。

——同じ役職、同じ基本給で、金子のほうが家族手当をもらっている分、年収は高いのに？

そういうしくみですから、しかたないですよね。金子さんはいろいろな控除を受けることで課税所得が下がって、高橋さんより一段低い税率の区分になったということですね。

——なんだか納得いかないです。

でも、速算表を見るとわかるように、税率のほかに控除額があって、それも含めて計算すると、５％と10％の境目にいる人が、どちらに転ぶかで極端に税額に差がつかないように調整されているんです。だから、５％の差ほどにはなっていないはずですよ。

――そうですか。まだなんとなくモヤモヤしたままですが、とりあえず先に進みましょう。

はい。その下はあんまり関係なくて、㊹が５万50円に２・１％をかけた復興特別所得税が１０５１円。それを加えたのが㊺で５万１１０１円。１００円未満切り捨てで㊽源泉徴収税額が５万１１００円と確定しました。

◇生命保険＆ｉＤｅＣｏで住民税をさらに３万円下げていた

次の紙は、同じく金子さんの年末調整計算書ですが、個人住民税用です（図表４－２）。所得税用と見比べるとわかりやすいと思います。

似たような感じで進んでいきますが、「所得から差し引かれる金額」の生命保険料控除、配偶者控除、そして扶養控除、基礎控除がそれぞれ少しずつ少ないですね。その結果、課税所得は１０００円未満切り捨てで１１６万３０００円。税率10％で11万６３００円。あとは細かい調整で、調整控除で７５００円を差し引き、均等割額の５０００円を加えると個人住民税は11万３７００円となりました。

――以前の推理では14万いくらだったのですが、年末調整で実際は生命保険とｉＤｅＣｏでさらに３万円ほど住民税を下げていたんですね。

いやいやいや、こんなもんでは終わらないですよ、豪腕・金子さんは（笑）。

◇自然災害、火災、盗難、シロアリ・スズメバチ駆除……でも控除が

では、次の紙を。再び確定申告書です。今度は、本当に「確定申告」のイメージです（図表４－３）。

上から、前回と比較していって、違うのは㉗医療費控除ですね。

――その前に、㉕で、どうしてここで一度、小計が入るんでしょうかね？

ここまでが年末調整でできること、以下は確定申告でやることだからですね。

――なるほど。ちなみに、㉖の雑損控除というのはどういうものでしょうか？

これはですねえ、特定の理由によって資産について損害を受けたときに、一定の金額の所得控除を受けられるしくみです。

具体的には、まず自然現象による災害。震災、風水害、冷害、雪害、落雷などですね。

次に人為的な異常によるもの、火災、火薬類の爆発などが相当します。

(図表 4-2) 金子君の個人住民税概算書（年末調整時）

個人住民税シミュレーション

金子一郎　様

所得金額	総所得金額	3,224,000
	～	
	内給与所得	3,224,000
	～	

所得から差し引かれる金額	社会保険料控除	666,588
	小規模企業共済等掛金控除	276,000
	生命保険料控除	28,000
	地震保険料控除	
	寡婦、ひとり親控除	
	勤労学生、障害者控除	
	配偶者（特別）控除	330,000
	扶養控除	330,000
	基礎控除	430,000
	雑損控除	
	医療費控除	
	【合計】	2,060,588

課税所得額	総所得金額	1,163,000
	～	
	内給与所得	1,163,000
	～	

区分		市町村民税	都道府県民税	合計
所得割	総所得金額	69,780	46,520	116,300
	～			
	内給与所得	69,780	46,520	116,300
調整控除		4,500	3,000	7,500
税額控除	寄付金控除			
	～			
差引所得割		65,280	43,520	108,800
～				
再差引所得割		65,200	43,500	108,700
均等割		3,500	1,500	5,000
合計納付額		**68,700**	**45,000**	**113,700**

算出税額

	1回目	2回目以降
納期	6月	7月以降
税額	**10,300**	**9,400**

	項目	番号	金額
所得金額等	利子	④	
	配当	⑤	
	給与 区分	⑥	3224000
	雑 公的年金等	⑦	
	雑 業務	⑧	
	雑 その他	⑨	
	雑 ⑦から⑨までの計	⑩	
	総合譲渡・一時 ㋙+{(㋚+㋛)×1/2}	⑪	
	合計 (①から⑥までの計+⑩+⑪)	⑫	3224000
所得から差し引かれる金額	社会保険料控除	⑬	666588
	小規模企業共済等掛金控除	⑭	276000
	生命保険料控除	⑮	40000
	地震保険料控除	⑯	
	寡婦、ひとり親控除 区分	⑰~⑱	0000
	勤労学生、障害者控除	⑲~⑳	0000
	配偶者(特別)控除 区分1 区分2	㉑~㉒	380000
	扶養控除 区分	㉓	380000
	基礎控除	㉔	480000
	⑬から㉔までの計	㉕	2222588
	雑損控除	㉖	
	医療費控除 区分	㉗	150000
	寄附金控除	㉘	18000
	合計 (㉕+㉖+㉗+㉘)	㉙	2390588

	項目	番号	金額
	予定納税額 (第1期分・第2期分)	㊿	
	第3期分の税額 (㊾−㊿) 納める税金	(51)	00
	第3期分の税額 (㊾−㊿) 還付される税金	(52)	△ 8576
その他	公的年金等以外の合計所得金額	(53)	
	配偶者の合計所得金額	(54)	0
	専従者給与(控除)額の合計額	(55)	
	青色申告特別控除額	(56)	
	雑所得・一時所得等の源泉徴収税額の合計額	(57)	
	未納付の源泉徴収税額	(58)	
	本年分で差し引く繰越損失額	(59)	
	平均課税対象金額	(60)	
	変動・臨時所得金額 区分	(61)	
延納の届出	申告期限までに納付する金額	(62)	00
	延納届出額	(63)	000

お忘れなく。

還付される税金の受取場所		銀行 金庫・組合 農協・漁協	本店・支店 出張所 本所・支所
	郵便局 名等	預金種類	普通 当座 納税準備 貯蓄
	口座番号 記号番号		

整理欄	区分	A B C D E F G H I J K
	異動	年 月 日 L
	管理	名簿
	補完	確認

(税理士 署名押印 電話番号 — — 印)

税理士法書面提出 30条 33条の2

納付 事業 住民 資産 税金 分割 検算 通信日付印 年月日 一連番号

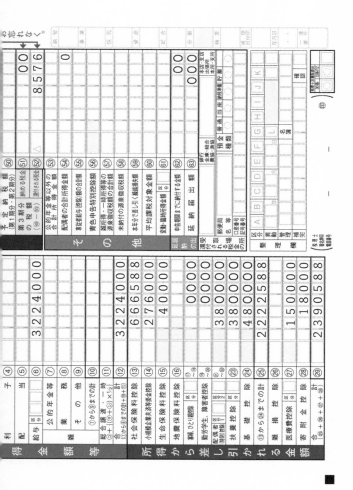

（図表 4-3）金子君の所得税概算書（確定申告時）

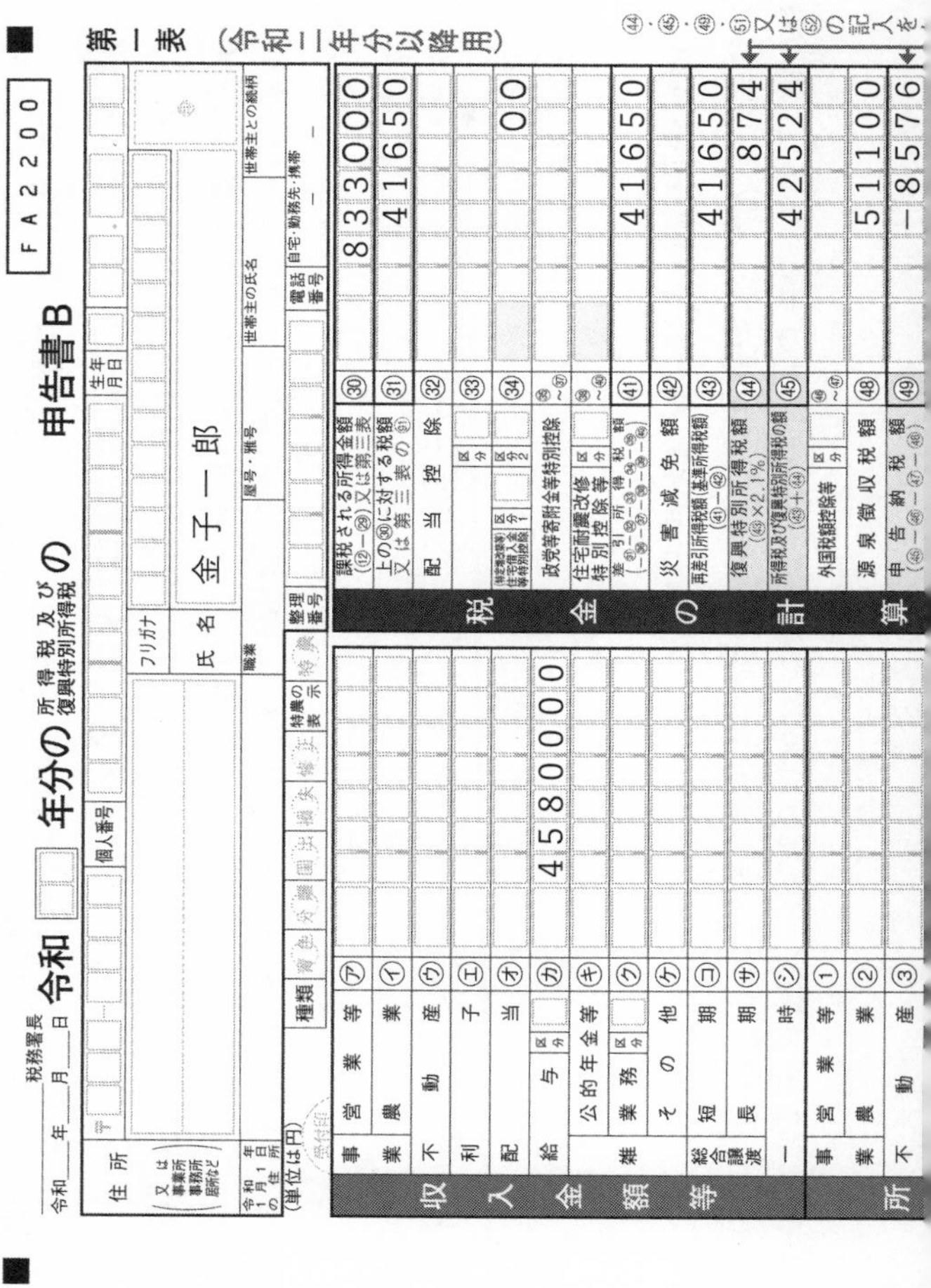

■ FA2200 ■

　　　　税務署長
令和＿年＿月＿日　令和□□年分の所得税及び復興特別所得税の　申告書B

第一表（令和二年分以降用）

住所（又は事業所・事務所・居所など）	〒	個人番号		生年月日	
		フリガナ			
		氏名	金子一郎		
令和　年1月1日の住所		職業	屋号・雅号	世帯主の氏名	世帯主との続柄

（単位は円）　種類　青色　分離　国出　損失　修正　特農の表示　特農　整理番号　電話番号　自宅・勤務先・携帯　－　－

収入金額等			
事業	営業等	㋐	
事業	農業	㋑	
不動産		㋒	
利子		㋓	
配当		㋔	
給与	区分	㋕	4580000
雑	公的年金等	㋖	
雑	業務　区分	㋗	
雑	その他	㋘	
総合譲渡	短期	㋙	
総合譲渡	長期	㋚	
一時		㋛	
所得			
事業	営業等	①	
事業	農業	②	
不動産		③	

税金の計算		
課税される所得金額（⑫－㉙）又は第三表	㉚	833000
上の㉚に対する税額又は第三表の㊈	㉛	41650
配当控除	㉜	
区分	㉝	
（特定増改築等）住宅借入金等特別控除　区分1　区分2	㉞	00
政党等寄附金等特別控除	㉟～㊲	
住宅耐震改修特別控除等　区分	㊳～㊵	
差引所得税額（㉛－㉜－㉝－㉞－㉟－㊱－㊲－㊳－㊴－㊵）	㊶	41650
災害減免額	㊷	
再差引所得税額（基準所得税額）（㊶－㊷）	㊸	41650
復興特別所得税額（㊸×2.1%）	㊹	874
所得税及び復興特別所得税の額（㊸＋㊹）	㊺	42524
外国税額控除等　区分	㊻～㊼	
源泉徴収税額	㊽	51100
申告納税額（㊺－㊻－㊼－㊽）	㊾	－8576

㊹・㊺・㊾・㊿又は52の記入を…

それから、害虫などの生物による異常な災害。

――家がシロアリに食われて駆除したり、スズメバチの巣を除去したり？

はい、そのとおり。駆除の費用は雑損控除として認められます。

あとは、盗難や横領といった犯罪も雑損控除に認められます。ただし、詐欺や恐喝の場合には、雑損控除は受けられないんですよ。

――よく、詐欺はだまされるほうも悪い、なんていいますが、そういうことですかね？

どうなんでしょうね。そうかもしれません。

――控除金額は、どうやって計算するのですか？

はい。いろいろ条件や計算式があります。ここではそういう控除があるということと、被害に遭わないことを願って、次に進みましょうか。

――はい。そうしましょう。

◇こんなものまで医療費として認められる

では、今回のヤマ場、医療費控除について解説しましょうね。

医療費控除とは、その年の1月1日から12月31日までの間に、納税者本人と、「生計を一にする」配偶者やその他の親族のために、ある一定額を超える医療費を支払ったときに、その差額について金額の所得控除が受けられる制度のことです。

――医療費控除も「納税者本人と、生計を一にする配偶者やその他の親族」でまとめられるんですね？

そうなんです。大きな金額がないと控除できないため、家族全員の分をまとめるのが重要になります。それから高橋さん夫婦のように、共働きで扶養関係になく、別々の健康保険に入っていても一つにまとめていいんですよ。

――そうなんですか。なんとなく健康保険が別々だとダメって思っていました。

実際、そういう勘違いをしている人も多いんです。

――問題は、「ある一定額」の部分ですね。どれくらいですか？

原則として10万円です。「実際に支払った金額」という点に注意です。健康保険組合や協会けんぽが支払った部分は含めず、自己負担の部分だけが対象です。さらに、加入している民間の医療保険などで補填《ほてん》された金額も差し引きます。

その金額が原則として10万円を超えたら、超えた分が所得控除の対象になります。一応上限はあって２００万円です。

「原則として」と言いましたが、例外は、その年の「総所得金額等」が200万円未満の人は、10万円ではなく、「総所得金額等」の5%が基準になります。仮に総所得金額が150万円なら7万5000円を超えた分になります。その金額を超える部分が医療費控除として所得控除することができます。

――医療費として含めるのは、病院や薬局に支払ったものだけですか？

実は、もっと広範囲に及びます。通院のための電車・バスなどの交通費は医療費として認められています。自家用車のガソリン代・高速代、タクシー代は原則として認められていません。

マッサージや鍼《はり》も医療行為と認めれば医療費として合算できます。スポーツジムの会費も、生活習慣病治療の一環として医師が認めるなど、いくつかの条件をクリアすれば医療費として認められることもあります。

――変な言い方ですけど、もしも、こうした医療費を同じ年にまとめることができるなら、集中させたほうが医療費控除を使える可能性が高まりますね。

たしかにそうですね。健康のことなので、基本的には早め早めに対処するに越したことはないと思いますが、たとえば急を要さないようであれば、年末を避けて翌年に回すとか、そんなことは考えてもいいかもしれません。逆に気になっていることを前倒しにしてやってしまうという考え方でもいいかもしれません。子どもや自分の歯の治療とか、親の白内障手術とか、高額になりそうな医療はできるだけ同じ年にまとめるといいです。

――医療機関にかかるときの交通費まで合算できるのは意外でした。

そうなんです。住んでいる地域によっては、治療や手術のために遠方まで行くケースもあると思うので、意外とすぐに10万円を超すかもしれません。

◇健康保険の補償内容を知ることで生活費の節約につながる

では、確定申告書に戻ります。㉗医療費控除に15万円と入れました。

――所得控除前の所得金額が２００万円以上なので10万円を超える部分が控除される。

はい、そのとおりです。では、この15万円の医療費控除が実際にいくらの節税効果となって表れるかを考えてみましょう。いくらですか？

――15万円に税率をかければいいんですよね。

素晴らしい。そのとおりです。もう計算済みなので、この確定申告書から税率がわかりますね。

――右側の税金の部、㉚が「課税される所得金額」で、㉛が「㉚に対する税額」とありますね。

ああ、やっぱり5％ですね。

そのとおりです。一応もう一度、速算表（73ページ図表2－3）で確認してみましょう。

――「課税される所得」が80万円台ですから、楽勝で一番上の5％です。

ということで、15万円の５％ですから、所得税を年間7５00円安くすることができたわけです。

――ということは、税率が高くなればもっと税金を安くできるってことですね。

そうなんですよ。もし10％なら1万5000円、20％だったら3万円安くできます。では、個人住民税はいくら安くなりますか？

――個人住民税の税率は10％なので、1万5000円ですね。

はい、そのとおりです。したがって、所得税と個人住民税、合わせて2万2500円の節税効果があったというわけです。

――納得しました。

このあたりの考え方は、「高額な医療費の出費があって大変だったでしょうが、国や自治体としても、税金を少し軽減して支援します」っていう意味になるので、「手取りを増やすために、やるぞ！」というのは違いますが、申告をするのとしないのとでは大違いなんです。だから高額の医療費がかかった翌年は、サラリーマンでも確定申告をしたほうがいいんですが、それも、知らないとできないことですよね。

——おっしゃるとおりです。今、関心を持ててよかったと思います。

医療費ということで関連して言うと、自分が加入している健康保険についてもよく調べておくのがいいと思います。健康保険に入っていれば、現役のサラリーマンであれば、医療費は原則３割負担で済みます。

その上に、「高額療養費制度」といって、医療費の自己負担が「限度額」を超えた場合、限度額以上支払った分が返ってくる制度があります。所得や年齢などの条件で変わりますが、仮に高橋さんが大きなケガや病気をして、入院・手術をして80万円の医療費がかかったとします。すると、３割の自己負担で24万円の出費になりますが、「高額療養費制度」を申請すれば、そのうちの15万円強が払い戻されて、最終的な自己負担は約８万５０００円で済みます。

さらに、健康保険組合によっては独自の給付、「付加給付」というしくみもあります。

これは1カ月の支払いが1つの医療機関で2万円などの決められた上限額を超えた場合、超えた分を健康保険組合が負担してくれるものです。つまり、2万円が上限なら、どんなに大きなケガや病気をしても、1カ月に2万円以上かからないことになるのです。

このようにサラリーマンの健康保険は、医療費の負担が大きくなりすぎないように、けっこう手厚い補償が付いているんですよ。

——そうなんだ〜。万が一、大きなケガをしたり病気をしたりしたら、まとまったお金が必要と思っていたんですが、必ずしも自分ですべて用意する必要はないんですね。

そうなんです。民間の保険会社から多くの医療保険が発売されていますが、自分が入っている健康保険の補償をよく理解して、支払う保険料に見合うほどの必要性があるのかどうか、そのあたりをトータルで考えることも、「手取りを増やす」ためには必要かもしれませんね。

◇「ふるさと納税」のお得な正体とは？

さて、もう一度確定申告書に戻ります。㉘寄付金控除に1万8000円と入れました。

——これが、ふるさと納税の2万円ですか？

そうなんですよ。高橋さんはふるさと納税ってやったことありますか？

――いいえ、まだないです。

では、概要から説明しますね。「ふるさと納税」という上手なネーミングのせいで、自分の好きな自治体に納税できる制度と認識している人が多いようです。実態としてはたしかにそうなのですが、税金の流れに目を向けると、ちょっと違う姿になってきます。

その正体は、「都道府県・市区町村に対する寄付金」と「寄付金の所得控除」と「個人住民税の税額控除」から成り立っています。

――「税額控除」ですか？　なんか前にも1回出てきたような……なんでしたっけ？

税金を計算する前の所得から控除するのが「所得控除」で、税金そのものから控除するのが「税額控除」。「所得控除」は控除をした後の課税所得に税率を掛けることになるので、所得控除の額がそのまま税金から引かれるわけではありません。一方、税額控除は、税率を掛けて算出された税金から控除が適用されるので、控除額がそのまま安くなるというメリットがあります。減税効果としては、「所得控除」より「税額控除」のほうが大きいといえます。昨年お伝えした「住宅ローン減税」がまさに「税額控除」でしたよね。

――最大５００万円が返ってくるインパクトは忘れません！　ふるさと納税は、個人住民税に関しては「税額控除」なのですね。

そうです。ふるさと納税は、自治体に寄付をするところから始まります。現在は、ふるさと納税のポータルサイトがいくつか存在し、その機能を使って寄付をしている人が多いでしょう。

ちなみに、ふるさと納税には、確定申告をしなくていいワンストップ特例という制度が用意されています。寄付先の自治体は5カ所までという条件は付きますが、書類を寄付した自治体に郵送するだけで、納税者の市区町村と直接やりとりをして、個人住民税の税額控除を勝手にやってくれます。この制度を利用した場合は、所得税（と復興特別所得税）の還付はなく、全額、個人住民税の税額控除となります。ただ、そうなっても還付される税金総額は同じですのでご安心ください。

今回は金子さんが、いくつの自治体に寄付したのかはわかりませんが、合計2万円分「ふるさと納税」という名の、自治体への寄付を行い、確定申告をしたという仮定で進めます。

そこで、確定申告では「寄付金控除」の申告をします。寄付金控除は、国や地方公共団体、特定の法人などに寄付をした場合（「特定寄付金」といいます）、確定申告を行うことで、特定寄付金の合計から2000円を差し引いた額が所得控除されます。なお、特定寄付金合計額の上限は、所得金額の40%相当です。

――それが確定申告書の㉘に1万8000円と書かれた状態ですね。

はい、そうです。では、この1万8000円が、どう処理されるかを説明しますね。ちょっと確定申告書から離れて、計算していきます。まず、この1万8000円が所得控除されたことで、所得税が安くなる、すでに納付した所得税から戻ってきます。いくら戻るでしょうか？

――やはり税率5%なので、1万8000円の5%は900円です。

はい、素晴らしい。さらに現在は復興特別所得税を計算しなくてはいけませんでしたよね。合計いくら戻りますか？

――900円の2・1%なので、端数切り上げて919円、戻ります。

いいですね。そしてここからが、非常に特殊なんです。ふるさと納税で寄付金として申告した金額は、所得税の還付となった部分を差し引いて、個人住民税が税額控除されるのです。ちょっとわかりづらいので簡単に言い直すと、寄付した金額から2000円を差し引いた1万8000円は、確定申告することで全部戻ってきます。所得税は還付金として

919円が後日振り込まれ、その残り、今回の例では1万7081円は、これから支払うことになる個人住民税から税額控除、つまりその年の6月から1年間の個人住民税が計1万7081円安くなります。

――納税といいながら、お金の流れは寄付として処理し、寄付といいながら、支払ったお金は2000円を除き、戻ってくる、ということですね。

そうなりますね。それだけだと、なんのためにやっているのだ？　ということになりますが、実際は寄付した先の自治体から、こちらが指定した返礼品が送られてくるわけです。現在では、概ね寄付金額の30％くらいの値段のものが手に入るようです。結局、現在のふるさと納税は返礼品が楽しみという理由で人気になっているわけですね。

――ふるさと納税って上限はあるんですか？

個人住民税の概ね2割を上限にすると定められています。それ以上の金額をやってもいいのですが、還付金額の割合が減ってしまいます。

たとえば、金子さんは2万円のふるさと納税をしているということですが、年に2万円であれば手数料2000円を引いた1万8000円分がほぼ還付される、つまり所得税と個人住民税の合計が安くなるということです。上限額内で行うと、ふるさと納税の原則ど

（図表 4-4）ふるさと納税の納税額と持ち出し金額の比較

（単位：円）

	金子君の場合					
ふるさと納税額	総収入金額	所得税	住民税	合計税額	0円との還付差額	現金持ち出し額
0円	4,580,000	43,443	98,700	142,143	**0**	**0**
2万円	4,580,000	42,524	81,600	124,124	**−18,019**	**1,981≒2,000**
3万円	4,580,000	42,014	77,100	119,114	**−23,029**	**6,971**
5万円	4,580,000	40,993	75,100	116,093	**−26,050**	**23,950**

おりの還付額になります（税金の計算上、2000円ぴったりにならないことがあります）。

ところが、これを年に3万円で行うと、還付される額は約2万3000円程度になり、約7000円の持ち出し、2000円の手数料を差し引いても、5000円の追加持ち出しになってしまうわけです。

5万円では、還付される額は約2万6000円。納税（寄付）した半分程度しか還元されないので、上限額を超えれば超えるほど、メリットが小さくなっていく、ということです（図表4－4参照）。

――たしかに多くやればいいってもんではないんですね。

そうです。ふるさと納税のポータルサイト内で上限額のシミュレーションができるところもありますから、ふるさと納税をやるなら一度、そこで自分の上限額を確認してからやるといいでしょうね。

――わかりました。

もちろん、返礼品にそれだけの価値や必要性を感じられるのなら、たとえ上限額を超えて持ち出しが多くなっても、その人にとってはメリットがあると言えるかもしれませんけどね。まあ、本来は「寄付」なのですから、メリットを求めるのもおかしな話ではありますが。

◇結局、確定申告で所得税&住民税はどのくらい安くなる?

さて、確定申告書に戻りましょう（139ページ図表4－3）。左の列、医療費の15万円とふるさと納税の1万8000円が控除されて、控除額の合計が239万5888円となりました。

右の列、上で所得から控除した金額が83万3000円。税率5%で4万1650円。そして復興特別所得税も計算し直して、その合計は4万2524円。年末調整後に源泉徴収税として5万1100円納めましたから、「確定申告」をすることで、8576円を還付してもらえることになりました。

では、次の紙です。これは確定申告を終えたあとの個人住民税の計算書です（図表4－

(図表 4-5) 金子君の個人住民税概算書（確定申告時）

個人住民税シミュレーション

金子一郎　様

所得金額	総所得金額	3,224,000
	≀	
	内給与所得	3,224,000
	≀	

所得から差し引かれる金額	社会保険料控除	666,588
	小規模企業共済等掛金控除	276,000
	生命保険料控除	28,000
	地震保険料控除	
	寡婦、ひとり親控除	
	勤労学生、障害者控除	
	配偶者（特別）控除	330,000
	扶養控除	330,000
	基礎控除	430,000
	雑損控除	
	医療費控除	150,000
	【合計】	2,210,588

課税所得額	総所得金額	1,013,000
	≀	
	内給与所得	1,013,000
	≀	

区分		市町村民税	都道府県民税	合計
所得割	総所得金額	60,780	40,520	101,300
	≀			
	内給与所得	60,780	40,520	101,300
調整控除		4,500	3,000	7,500
税額控除	寄付金控除	10,248	6,833	17,081
	≀			
差引所得割		46,032	30,687	76,719
≀				
再差引所得割		46,000	30,600	76,600
均等割		3,500	1,500	5,000
合計納付額		**49,500**	**32,100**	**81,600**

算出税額

	1回目	2回目以降
納期	6月	7月以降
税額	**6,800**	**6,800**

5）。

先ほどの「年末調整後」のものと比較してみると、「所得から差し引かれる金額」に医療費の15万円が入っていますよね。所得税の確定申告書と違うのは、寄付金の所得控除がない点です。課税所得は、101万3000円となりました。

税率10％で10万1300円となり、調整控除7500円をマイナス、均等割5000円をプラス。

そして、税額控除として寄付金税額控除がありますね。ここで1万7081円が税額から控除されます。その結果、金子さんの個人住民税は、8万1600円となります。これを12カ月で割ると、6800円。ついに、謎だった金子さんの住民税6800円にたどりつきました。

——ついにつかまえました！　長い道のりでした。

やりましたね。

——やりました！　それにしても、同じ基本給でも、僕の個人住民税が1万7000円で、金子が6800円、年間で住民税だけで12万円以上も違ってくるのは、こういうカラクリだったんですね。すべてクリアになってスッキリしました。ありがとうございました！

エピローグ

「給与明細の謎」が解けると人生が変わる!?

◇生涯の手取りで1000万円近く変わってくる……？

金子　珍しいな。高橋が昼メシを誘ってくるなんて。
高橋　ちょっとお礼が言いたくてね。
金子　お礼？　オレなんかしたっけ？
高橋　ああ、大変なことをしてくれたよ。ひょっとしたらオレの人生が変わるかもしれないくらいに。
金子　おおげさなんだよ、高橋は。それで、公認会計士・税理士の梅田先生との勉強会は終わったの？
高橋　まあね。でも交流は続いているから、これからもずっと何かあったら教えてもらおうと思ってる。とにかく今回、偶然、金子の給与明細を見ちゃったのをきっかけに、給与明細や税金のことに関心を持ったおかげで、ずいぶんいろんな勉強ができたよ。
金子　すごく本気を感じたよ。
高橋　だってさあ、月の手取りで2万5000円違うんだから、それはもうショックだったよ。年間30万だよ。**10年で300万、30年で1000万円近い金額**だよ！　今35歳だから、気づくにはギリギリのタイミングだったかもしれないな。
金子　まあ、偉そうなことを言うつもりはないんだけど、オレたちみたいなサラリーマンができることなんて限られているんだよ。まず、給与明細でいうところの「支給」はコントロールできないよな。残業手当が定額になってからはなおのこと。
高橋　たしかに。オレも最近ずっと給料が上がらないことでモヤモヤしてた。仕事も行き詰まってるし、昇進も上がつかえてるし、この先、見込みがないのかな、なんて……。
金子　いや、高橋はそんなこと言ってちゃダメだよ。出世して上を目指してくれなきゃ。お金や税の勉強も大事だけど、高橋には得意分野でガンガン行ってほしい。そんな、上がつかえてるなんて泣き言を言ってないで、ガツンと蹴散らかしてやれよ。
高橋　いやにけしかけるな（笑）。それはそうと、150万円分働いているうちのヨメと、100万円分しか働いていない金子の奥さんとで、夫婦の収入としてほとんど変わらないっていうのには、本当にビックリしたわ。
金子　そうなんだよね。配偶者控除、扶養控除って、いつまで続くかわからないけど、本当に助かってるよ。
高橋　梅田先生も言っていたけど、やっぱり妻の家族手当ってなくなっちゃうのかね。

金子　そういう話はちょろちょろ出てるみたいなんだよな。老親介護手当を拡充するのとセットとか。今は女の人も男と同じように働くほうが普通で、あんまり反対する人もいないみたいだね。

高橋　うちは配偶者特別控除を受けられたのに、知らずに控除を受けてなかったクチだけどね(苦笑)。ヨメとその話になったとき、軽くバトルになったんだよ。

金子　どうして?

高橋　配偶者特別控除を受けられて手取りを増やせるんだって言ったら、「あなたの手取りが増えた分、私にも見返りがあるの?」って言うから、だったら「自分の手取りを増やしたかったら、150万円なんていわず、もっと大きく突き抜けるぐらい働いたほうがいいんじゃない?」って言ったら……。

金子　言ったら?

高橋　たいして家事をしてくれないのにって。オレはゴミ出しとか、けっこう手伝ってるつもりだけど、って言い返したら、ヨメがムッとした。

金子　今の時代、手伝っている、という言い方がNGなんだよ。手伝っているって言ってる段階で、本来ヨメがすべきことって言っているようなもんだから。

高橋　え……やばっ、そういうふうに聞こえてたのか……（汗）。

◇「控除」の本当の意味

高橋　ところで、金子のお母さんは近くに住んでるの？
金子　そうひとりで。妻も、一緒に住もうって言ってくれるんだけど、おふくろも気を使ってるみたいなんだよな。
高橋　そうか。同居でない家族も扶養にできるって知らなかったから驚いたよ。
金子　オレの意識としては無理にねじ込んだわけでもなく、実態があるから、不思議でもなんでもないんだけど。
高橋　お母さんの分の社会保険料は？
金子　いや、今はオレの健康保険に入ってるから問題ない。**将来、後期高齢者になって、自分が介護保険料を負担するようになったら、社会保険料控除の対象**にできる。
高橋　そうなんだ。今日もまたひとつ勉強になった。

「手取りを増やす」ってことで、金子をモデルにして研究してきたけど、オレの結論は、**大事なのは「控除」**だっていうこと。

金子　うん、そう、そのとおり。大事なのは控除だね。**「控除」を上手に使って課税所得を下げれば、所得税が安くなって、翌年の住民税まで安くなる。**

　思うんだけど、**「控除」は応援**なんだよ。なんかさあ、今って妬《ねた》んだり、人の足を引っ張ったりすることが多いじゃん。でもそんなのって本当に馬鹿らしいし、生産的じゃない。

高橋　それはいろんなところで感じる。がんばっているヤツをバカにしたり、工夫したヤツを「ズルい」と言ったり。

金子　そうそう。

高橋　でも、税制をよくよく見てみると、がんばっている人とか、辛い思いをしている人を応援するようなものがけっこうある。とくに「控除」がそう。いや、正直に言うと、オレ、はじめ金子がお母さんを扶養にして38万円の控除を受けてるって知って、なんかズルいなって思っちゃったんだよ。

金子　なんだよ、さっきのは自分のことだったのかよ（笑）。

高橋　うん、そう。でもよく知りもしないでズルいって思う感覚のほうがおかしい。

金子　ただ、たしかにズルいヤツも多いからね。

高橋　オレが「金子はズルいんじゃない」って気づいたのは、年末調整のしくみを梅田先生から教えてもらったときだな。
金子　そうか。
高橋　iDeCoがどんなものかを聞いて、金子、絶対無理してるって思った。
金子　なんでだよ（笑）。
高橋　だって手取りの1割だろう？　それを60歳まで動かせないiDeCoに突っ込むなんて、そりゃ所得控除は大きいけど、けっこう大変なんじゃないかって。
金子　考えすぎだよ（笑）。
高橋　そうかな。なんか、老後のために無理をしている金子の顔が思い浮かんだんだよ。だって、自己責任で運用っていうのも含め、余裕資金でやるものだろう？
金子　まあ、そうだろうな。
高橋　いや、金子がお母さんにどれくらい仕送りしているのかは知らないけど……。
金子　まあ、たしかに、けっこうシビアに無駄遣いには気をつけるようにしてるかな。

◇自分に一番必要な「投資」って？

金子　それはそうと、いろいろ勉強して、高橋は何か生活習慣で変えたことあるのか？

高橋　定期的に田舎の親に電話するようになった。

金子　これまで学んできた話と関係ねえじゃん（笑）。

高橋　関係なくはないよ。もうちょっとお金を上手く残して、何か喜ばせるようなことをしたいと思ったから。金子の影響だよ。

金子　ｉＤｅＣｏは？

高橋　うん、先月、証券会社に口座を作ったんで、始めてみようと思ってる。まずは小さい金額からになると思うけど、もうすでにテレビやインターネットで日経平均株価や経済ニュースが気になるようになってきた。あと、自宅で筋トレを始めた。

金子　筋トレはさすがにお金も税金も関係ねえ（笑）。

高橋　いや、結局のところ健康であることがもっともコストパフォーマンスがいいんじゃないかって思ったのさ。将来に向けてｉＤｅＣｏとかで投資をするのも大事だし、健康保険、生命保険、医療保険、高額療養費、医療費控除制度をしっかり理解して、イザというときに備えることも大事だけど、やっぱり**「元気」に投資することに勝るものはない**。元気があればなんでもできるし、免疫力があれば病気を寄せ付けない！

金子　それに関しては全面的に正しいと思うよ。

高橋 金子は何か副業やってるの？

金子 副業といえるようなものはないかな。父親から譲り受けた株があるんで、ちょっと投資を続けてるけど、つきっきりでできるわけもないから、長期的な目でやってるよ。

高橋 とか言って、けっこう儲けたりしてんじゃないの？

金子 逆、逆（笑）。特定口座っていう口座（源泉徴収口座）を利用してるんだけど、去年は大きな損失が出ちゃって、わざわざ確定申告して、損失を翌年以降に繰り越しておいた。

高橋 それをすると何かメリットがあるの？

金子 仮に今年、株価が上がって儲けが出ても、**前年に繰り越した損失と相殺できる**んだ。そうすると、確定申告すれば、その年の儲けに対して源泉徴収されていた税金を取り返せるんだ。

高橋 ふ〜ん、よく知ってるなぁ。それって、iDeCoにも関係してくるの？

金子 iDeCoでは関係ない（笑）。

高橋 なあ〜んだ。まあ、それはともかく、うちの会社、この先、どれだけ給料が上がるのかわからないけど、とにかくオレは今、いろんなことを勉強できてよかったと思ってる。今だからオレと金子の差額が年間30万円で済んだけど、もし給料が上がって所得税率が20％、23％とかになったら、その差は拡大して目も当てられないだろう。
金子　まあ、そうかもね。でも、高橋が筋トレ始めたって聞いて、なんか安心したよ。
高橋　なんでだよ。やっぱりコイツにお金のことでは負ける気がしないなって？
金子　違うよ。人にはそれぞれ個性がある。やらなきゃいけないことも人それぞれ。オレは自分の能力に限界を感じるからこそ、足下を固めて、取りこぼしがないように生きている。
高橋　金子の能力に問題があるわけないじゃないか。
金子　自分自身も母親も、あんまり丈夫じゃないからこそ、工夫してお金を大切にしている。こういう境遇も含めて個性だし、星の巡り合わせなんだろうと思う。でも、高橋は細かいことばかり気にしないで、仕事で突っ走っていってほしいんだよ。
高橋　なんだよ。人がせっかく細かいことにも気を配ろうって心に決めたところだっていうのに。
金子　そんなことはオレでも誰でもできるんだよ。お金は血液って言うだろ？
高橋　そうなの？
金子　知らないか。体の隅々まで酸素を届けて、体の隅々の老廃物を回収してくれる。血液がなければ生きられないが、だからといって血液が必要だから生きてるわけじゃないだろう？　生きて何をするかが問題なのであって。

お金もぐるぐる回すことに価値があるのであって、それを貯めこむことにはなんの意味もない。だから、高橋はこの会社を変えて、もっともっと給料が上がるようになる方法を考えてくれ。そうしたら、控除や確定申告で返ってくる数千、数万円なんて気にならなくなるかもしれないじゃん。最近、そんなことを考えてたんだ。

高橋　そうだったのか。オレがお金のことをいろいろ考えてた間に……。よしわかった。オレはオレの仕事をする。

金子　よし。オレもオレの仕事をする。高橋をバックアップするし、個人的なサラリーマンの節税法やマネーテクニックも伝授するよ。

高橋　ありがとう。じゃあ、そろそろ会社に戻るか……。

金子　うん、よし、午後もがんばろう。今日はありがとうな。ごちそうさま！

高橋　……あれっ？　えっ、ええっと、その、あのさ、ちょっとお金貸してくれない？

金子　なんだよ、それ（笑）。

高橋　ごめん！（笑）

付録1
医療、保険、iDeCo、ひとり親……
手取りを確実に増やす「控除」を知っておこう

ここまで給与明細の見方や税金、そして年末調整についていろいろ説明してきました。日常生活ではあまり馴染みのない「控除」という言葉が、いかに大事かがわかってもらえたのではないでしょうか？　あらためておさらいしておきましょう。

税金用語として使われる「控除」は、ざっくり言うと税金が安くなることであって、税金を算出する前の課税所得から差し引くことのできる「所得控除」と、算出された税金から直接引き去る「税額控除」の2種類があります。

では、もっと突っ込んでおさらいしていきましょう。

(1) 15の「所得控除」

まずは所得控除から。所得控除は次の15種類に細分化されます。

①雑損控除　↓本文136ページ

災害・盗難・横領などの損害を受けた場合に適用される控除で、確定申告が必要です。具体的には、自然現象による災害、震災、風水害、冷害、雪害、落雷などや、人為的な異常によるもの、火災、火薬類の爆発などが相当します。それから、害虫などの生物による異常な災害、たとえば、家がシロアリに食われて駆除したり、スズメバチの巣を除去したりした費用は雑損控除として認められます。

盗難や横領といった犯罪も雑損控除に認められます。ただし、本文でもご説明したように詐欺や恐喝の場合には、雑損控除は受けられません。

②医療費控除　↓本文140ページ

1月1日から12月31日までの間に、一定額を超える医療費を支払ったときに所得控除が受けられる制度で、確定申告が必要です。納税者本人と、生計を一にする配偶者やその他の親族が支払った医療費を合算できます。

一定額とは、一般的なサラリーマンの場合10万円。健康保険組合や協会けんぽが支払った部分、個人的に加入している医療保険によって支払った部分は含めない、自己負担の部分だけが対象です。

その年の「総所得金額等」が200万円未満の人は、10万円ではなく「総所得金額等」の5％を超える部分が所得控除できます。

あるいは、「セルフメディケーション税制」も活用できます。これは、きちんと健康診断を受けている人に限り、市販薬の購入費用を所得控除できるものです。その1年の間に1万2000円以上の対象医薬品を購入した場合、その金額から1万2000円を差し引いた額を所得控除できるという制度です。こちらも本人だけでなく、「生計を一にする」家族とまとめることができます。

通常の医療費控除か、セルフメディケーションの特例かのどちらかの選択になります。

③社会保険料控除　↓本文110ページ

一般的なサラリーマンの場合は、健康保険料、厚生年金保険料、介護保険料、労働保険料（雇用保険）の合算が所得控除され、年末調整時に会社が申告します。20歳以上の子どもの年金を親が支払っている場合など、生計を一にする親族が負担すべき社会保険料を支払った場合も合算することができます。

社会保険料控除で忘れられがちなのが、老親の社会保険料を子どもが支払っているケース。とくに75歳の後期高齢者になると、介護保険料を直接本人が支払うことになります。これを子どもが肩代わりしているのに、社会保険料控除の申請を忘れてしまうケースが多いので、年末調整で忘れないようにしましょう。

④小規模企業共済等掛金控除　**→本文111ページ**

次の3つの小規模企業共済の掛金などを支払った場合に所得控除が適用されます。年末調整で申告できます。

（1）独立行政法人中小企業基盤整備機構と結んだ共済契約の掛金
（2）企業型確定拠出年金（企業型DC）または、個人型確定拠出年金（iDeCo）の掛金
（3）地方公共団体が実施する、いわゆる心身障害者扶養共済制度の掛金

⑤生命保険料控除　↓本文105ページ

生命保険料、介護医療保険料、個人年金保険料を支払った場合に適用される控除で、年末調整で申告できます。新保険料の場合、最大所得控除額は3種類合計12万円です。

⑥地震保険料控除　↓本文109ページ

地震保険料などを支払った場合に適用される控除で、年末調整で申告できます。これも最大所得控除額は5万円です。

⑦寄付金控除　↓本文146ページ

国・地方公共団体・公益社団法人・公益財団法人などに対し「特定寄付金」を支出した場合に適用される控除で、確定申告の必要があります。確定申告の際には特定寄付金の支出を証明する書面が必要になります。

ふるさと納税も特定寄付金のひとつです。

控除金額は、次のいずれか低いほうの金額から2000円を差し引いた金額です。

（1）その年に支出した特定寄付金の額の合計額
（2）その年の総所得金額などの40％相当額

寄付金控除で注意したいのは、子どもが私立学校などに入学した際の寄付金は、控除の対象にならないケースがあることです。

所得税法で「学校の入学に関してする寄付金」は寄付金控除の対象となる特定寄付金から除かれていて、「入学願書受付の開始日から入学が予定される年の年末までの期間内に納付した」寄付金は、原則としてこれに当たる（寄付金控除の対象とならない）とされているからです。

同じ額を寄付するのでも、入学時でなく、2年生になる翌年に寄付するのであれば寄付金控除を受けられ、税金が還付されることもあります。

ただし、入学時の寄付金であっても控除の対象になるケースもありますので、寄付を考えているなら、寄付金の募集要項で寄付金控除の可否を確認しておきましょう。

⑧障害者控除

納税者、および納税者と生計を一にする配偶者や扶養家族が障害者に該当する場合に適用される控除で、年末調整で申告できます。16歳未満の扶養親族も適用されます。控除の金額は最大で75万円で、規定による区分があります。

⑨寡婦控除

夫と離婚・死別した女性に適用される控除で、年末調整で申告できます。2020年に、次に説明する「ひとり親控除」の新設とあわせて制度変更がありました。寡婦とは、その年の12月31日の現況で、いわゆる「ひとり親」に該当せず、次のいずれかに当てはまる人をいいます。

(1) 夫と離婚した後、婚姻をしておらず、扶養親族がいる人で、合計所得金額が500万円以下の人
(2) 夫と死別した後、婚姻をしていない人、または夫の生死が明らかでない一定の人で、合計所得金額が500万円以下の人

控除額はいずれも27万円です。なお、納税者と事実上婚姻関係と同様の事情にあると認められる人がいる場合は、対象になりません。

⑩ひとり親控除

寡婦控除に対して寡夫控除もあったのですが、令和2年からひとり親控除になりました。

納税者がひとり親のときに適用される控除で、年末調整で申告できます。寡婦控除と違い、性別は問いません。控除額は35万円です。

ひとり親とは、原則としてその年の12月31日の現況で、婚姻をしていないこと、または配偶者の生死の明らかでない人のうち、次の3つの要件すべてに当てはまる人です。

（1）その人と事実上婚姻関係と同様の事情にあると認められる一定の人がいないこと

（2）生計を一にする子がいること（この場合の子は、その年分の総所得金額等が48万円以下で、他の人の同一生計配偶者や扶養親族になっていない人に限られます）

（3）合計所得金額が500万円以下であること

⑪勤労学生控除　↓本文120ページ

納税者自身が勤労学生であるときは、所得控除を受けることができます。控除額は27万円です。

勤労学生とは、その年の12月31日の現況で、次の3つの要件すべてに当てはまる人をいいます。

（1）給与所得などの勤労による所得があること
（2）合計所得金額が75万円以下（給与所得のみの場合は130万円以下）で、しかも（1）の勤労に基づく所得以外の所得が10万円以下であること
（3）特定の学校の学生、生徒であること

⑫配偶者控除　↓本文56ページ

年間48万円（給与のみの場合は103万円）以下の所得金額の次の4つの要件すべてに

当てはまる配偶者がいる場合に適用される控除で、年末調整で申告できます。

（1）民法の規定による配偶者であること（内縁関係の人は該当しません）
（2）納税者と生計を一にしていること
（3）年間の合計所得金額が48万円以下（給与のみの場合は給与収入が103万円以下）
（4）青色申告者の事業専従者としてその年を通じて一度も給与の支払を受けていないこと、または白色申告者の事業専従者でないこと

控除額は、控除を受ける納税者本人および控除対象配偶者の合計所得金額、さらに控除対象配偶者の年齢により、13万円から48万円の範囲で変動します。ただし、納税者本人の合計所得金額が1000万円を超えている場合は対象外となります。

⑬配偶者特別控除　↓本文58ページ

配偶者に48万円を超える所得があるため配偶者控除の適用が受けられないときでも、配偶者の所得金額に応じて、一定の金額の所得控除が受けられるのが配偶者特別控除です。

年末調整で申告できます。

控除額は、控除を受ける納税者本人および控除対象配偶者の合計所得金額により、1万円から38万円の範囲で変動します。

配偶者特別控除を受けるための要件は次のとおりです。
(1) 控除を受ける納税者本人のその年における合計所得金額が1000万円以下であること
(2) 配偶者が次の要件全てに当てはまること
イ 民法の規定による配偶者であること(内縁関係の人は該当しません)
ロ 控除を受ける人と生計を一にしていること
ハ その年に青色申告者の事業専従者としての給与の支払を受けていないこと、または白色申告者の事業専従者でないこと
ニ 年間の合計所得金額が48万円超133万円以下であること
(3) 配偶者が、配偶者特別控除を適用していないこと
(4) 配偶者が、給与所得者の扶養控除等申告書または従たる給与についての扶養控除等

申告書に記載された源泉控除対象配偶者がある居住者として、源泉徴収されていないこと（配偶者が年末調整や確定申告で配偶者特別控除の適用を受けなかった場合等を除きます）

（5）配偶者が、公的年金等の受給者の扶養親族等申告書に記載された源泉控除対象配偶者がある居住者として、源泉徴収されていないこと（配偶者が年末調整や確定申告で配偶者特別控除の適用を受けなかった場合等を除きます）

⑭扶養控除　↓本文54ページ

扶養する家族がいる場合に適用される控除で、年末調整で申告できます。扶養控除の対象になる親族は、その年の12月31日の現況で年齢が16歳以上の人を対象としており、年齢ごとに区分が変わり、その区分や年齢、同居の有無により、控除金額は38万円から63万円の範囲で変動します。

⑮基礎控除　↓本文70ページ

基礎控除は合計所得金額が２４００万円以下の納税者であれば、原則として、誰でも48万円が控除されます。

2400万円超2450万円以下なら控除額は32万円、2450万円超2500万円以下なら控除額は16万円、2500万円超は控除の対象外となります。

15種類の所得控除を紹介してきましたが、その中に、「給与所得控除」が含まれていないことに気づかれましたでしょうか?

ちょっとわかりにくいのですが、「給与収入」から必要経費を除いたのが「給与所得」であるというのが前提だからです。給与所得控除はあくまでも必要経費を引き去るものに相当するというわけです。

15種類の所得控除は、それによって算出された所得から控除されるものという位置づけなのです。

(2) おもな「税額控除」

次に所得税における、おもな税額控除を確認していきます。

①住宅借入金等特別控除（住宅ローン控除）**↓本文122ページ**

マイホームを新築・購入・増改築するために住宅ローンを組んだ人が受けられます。

控除額は住宅ローンの残高をもとに計算します。10年で最大400万円（長期優良住宅などの基準をクリアした場合は500万円）という大きな額が税額控除されます。

控除を受けるためには、1年目には確定申告をする必要があり、2年目以降は年末調整で申告できます。

非常にたくさんの要件がありますし、どんどん変更もされていきますので、注意が必要です。

②配当控除

国内株式の配当金について総合課税を選択していて、確定申告をした場合に、原則として、所得税では配当金の10％、個人住民税では2・8％が税額控除されます。

③外国税額控除

日本で課税される所得の中に外国で生じた所得があり、その所得に対してその外国の法令により所得税に相当する税金が課税されている場合に、一定額を控除するものです。確定申告書が必要です。

④政党等寄付金特別控除

政党または政治資金団体に対して、政治活動に関する一定の寄付金を支払った場合に、寄付金控除（所得控除）の適用を受ける場合を除き、一定額を控除するものです。確定申告が必要です。

⑤認定ＮＰＯ法人等寄付金特別控除

認定ＮＰＯ法人等に対して一定の寄付金を支払った場合に、寄付金控除（所得控除）の適用を受ける場合を除き、一定額を控除するものです。確定申告が必要です。

⑥公益社団法人等寄付金特別控除

寄付金のうち、次のイからトに掲げる法人に対するものについては、寄付金控除（所得控除）の適用を受ける場合を除き、一定額を控除するものです。確定申告の必要があります。

イ　公益社団法人及び公益財団法人
ロ　学校法人等
ハ　社会福祉法人
ニ　更生保護法人
ホ　国立大学法人
ヘ　公立大学法人
ト　独立行政法人国立高等専門学校機構および独立行政法人日本学生支援機構

なお、ホ〜トに対する寄付金については、学生または不安定な雇用状態にある研究者に対する研究への助成、研究者としての能力向上のための事業に充てられることが確実であるものに限られます。

付録2

定年退職・失業、病気、介護……イザというときに使える「手当・給付」

サラリーマンが加入している社会保険や、私たちが納めた税金で運営されている公的サービスには、生活の急変などに対応してくれるさまざまな手当があります。

仕事がなくなって収入が減ったり、出産・育児、あるいはケガ・病気でやむなく仕事を離れなければいけなくなったりしたときに役に立つ、おもな手当・給付制度を紹介します。納税者として、また社会保険加入者（被保険者）として、必要に応じて上手に活用したいところです。

ただし、手当・給付を受けるにはさまざまな条件があり、手当や給付の金額なども条件によって変わってきます。また、制度内容も変更になったり、制度自体が廃止になったりする場合もありますので、受給を考えている方は、自分が受給条件に該当するかどうかを、所管する自治体や団体の公式ホームページなどでまずは確認してください。

(1) 休業・収入減

①休業手当（雇用主）

会社の都合で休業することになった従業員は、正規、非正規を問わず、「休業手当」を受け取ることができます。会社の都合で労働者を休業させた場合、会社は、平均賃金の6割以上の「休業手当」を支払わなければならないとされています。

平均賃金の計算方法は、原則として、休業日以前（直前の給与締め切り日から遡って）3カ月間に支払われた給与の総額をその期間の歴日数（総日数）で割った金額になります。

新型コロナウイルスの影響で休業させられた場合も、在宅勤務の検討など休業を避けるための努力を尽くしていないケースでは、会社側に「休業手当」の支払い義務が生じることがあるとしています。

アルバイトやパートタイマーも当然対象となります。

②休業補償（労災保険）

業務上で発生した負傷や疾病のために働くことのできない従業員に対して支払うもので、「災害補償」として労災保険でまかなわれます。また、休業手当は給与所得として所得税の対象となりますが、休業補償は非課税です。

アルバイトやパートタイマーも当然対象となります。

③傷病手当金（健康保険）

「傷病手当金」は、ケガや病気で4日間以上仕事を休み、その間の収入がなくなったり、大きく収入が減ったりした場合に健康保険から受け取れる手当です。

新型コロナウイルスに感染した場合ももちろん対象となり、感染が疑われる症状があるために自宅で療養したという場合も受け取れます。

(2) 失業・再就職

④失業手当（雇用保険）

失業した人で、就職しようという積極的な意思があり、就職できる能力があるにもかかわらず、職業に就くことができないと認められる人に、雇用保険からまかなわれる手当。65歳未満なら離職前の賃金の45～80％が基本手当の支給額となります。支給日額の上限額は離職の日における年齢に応じ、6845円～8370円で、支給期間は90日から最大で360日です。離職前の勤務先で雇用保険に入っているなど、一定の条件を満たす必要があります。

失業の理由が新型コロナウイルスによるものである場合には、条件を満たせば、給付の期間が60日（一部30日）延長されることになりました。

⑤教育訓練給付金（雇用保険）

一定の受給要件を満たす人が、「厚生労働大臣の指定」を受けた教育訓練を受けた場合に、その費用の一部を「教育訓練給付」として雇用保険により支援する制度です。

⑥再就職手当（雇用保険）

失業手当の給付を受けている期間中に再就職が決まった場合、支給残日数が3の1以上あり、一定の要件を満たせば、まとまった金額が雇用保険により支給される制度です。

(3) 定年後の再雇用・再就職等による収入減

⑦**高年齢雇用継続基本給付金**(**雇用保険**)

60歳以上65歳未満で、雇用保険の基本手当(いわゆる失業手当)を受給していない被保険者が、原則として、60歳時点に比べて賃金が75%未満に低下した状態で働いている場合に、ハローワークへの申請により、60歳以前に受け取っていた賃金の最大15%の給付金が、賃金と給付金を合計した35万7864円を上限額として、支給されます。

⑧**高年齢再就職給付金**(**雇用保険**)

雇用保険の基本手当の受給後、60歳以降に再就職し、60歳時点と比べて賃金が75%未満になった場合に支払われる給付金。基本手当の支給残日数が100日以上残っていることが受給の条件。

⑨高年齢求職者給付金（雇用保険）

65歳以上で離職した場合に一定の条件を満たすことでもらえる給付金。雇用保険に加入していた期間が1年以上なら、基本手当日額の50日分、1年未満なら30日分が一括で支払われる。

（4）出産・育児関係

⑩出産育児一時金（健康保険）

妊娠4カ月（85日）以上の人が出産したときに、健康保険から原則として1児につき42万円（産科医療補償制度の対象外となる出産の場合は40・4万円）が支給される制度。

⑪出産手当金（健康保険）

健康保険の被保険者が出産のため会社を休み、その間に給与の支払いを受けなかった場合に、出産の日以前42日から出産の翌日以後56日目までの範囲内で、会社を休んだ期間を対象として1日につき被保険者の標準報酬日額の3分の2に相当する額が支給される制度。

⑫育児休業給付金（雇用保険）

育児休業の期間中、休業前の賃金に応じて、雇用保険から支給される給付金。原則は子どもが1歳までだが、保育所等に入れないなどの理由があれば、最長2歳まで延長される。

(5) 介護関係

⑬介護休業給付金（雇用保険）

家族の介護のために仕事を休んだ場合、給与の67％を受給することができる制度。3回まで、合算で計93日まで支給される。

⑭高額医療・高額介護合算療養費制度（介護保険）

1年間（8月1日から始まり翌年7月31日まで）の医療保険と介護保険の自己負担の合算額が著しく高額であった場合に、介護保険によって自己負担額を軽減してくれる制度。

⑮高額介護サービス支給制度（介護保険）

公的介護保険を利用し、自己負担1割の合計の額が、同じ月に一定の上限を超えたとき、「高額介護サービス費」として介護保険から払い戻される制度。

(6) 子どもの教育関係

⑯修学支援新制度（文部科学省）

新型コロナウイルスの感染拡大などにより、家計が急変した学生や短大生、高等専門学校などに通う学生に、入学金・授業料の減免や、給付型の奨学金が支給される制度。

青春新書
INTELLIGENCE

こころ涌き立つ「知」の冒険

いまを生きる

"青春新書"は昭和三一年に――若い日に常にあなたの心の友として、その糧となり実になる多様な知恵が、生きる指標として勇気と力になり、すぐに役立つ――をモットーに創刊された。

そして昭和三八年、新しい時代の気運の中で、新書"プレイブックス"にその役目のバトンを渡した。「人生を自由自在に活動《プレイ》する」のキャッチコピーのもと――すべてのうっ積を吹きとばし、自由闊達な活動力を培養し、勇気と自信を生み出す最も楽しいシリーズ――となった。

いまや、私たちはバブル経済崩壊後の混沌とした価値観のただ中にいる。その価値観は常に未曾有の変貌を見せ、社会は少子高齢化し、地球規模の環境問題等は解決の兆しを見せない。私たちはあらゆる不安と懐疑に対峙している。

本シリーズ"青春新書インテリジェンス"はまさに、この時代の欲求によってプレイブックスから分化・刊行された。それは即ち、「心の中に自らの青春の輝きを失わない旺盛な知力、活力への欲求」に他ならない。応えるべきキャッチコピーは「こころ涌き立つ"知"の冒険」である。

予測のつかない時代にあって、一人ひとりの足元を照らし出すシリーズでありたいと願う。青春出版社は本年創業五〇周年を迎えた。これはひとえに長年に亘る多くの読者の熱いご支持の賜物である。社員一同深く感謝し、より一層世の中に希望と勇気の明るい光を放つ書籍を出版すべく、鋭意志すものである。

平成一七年　　刊行者　小澤源太郎

著者紹介

梅田泰宏〈うめだ やすひろ〉

1954年東京生まれ。公認会計士・税理士。中央大学卒業後、監査法人中央会計事務所（現・みすず監査法人）を経て、83年梅田公認会計士事務所を設立。2004年、企業へのワンストップサービスを実現する、社会保険労務士、司法書士との合同事務所「キャッスルロック・パートナーズ」を設立。06年には税務部門を税理士法人として分離して新スタート。現在、約250社の企業ならびに外資系現地法人に対し、財務指導から税務業務まで幅広くサポートしている。おもな著書に、『これだけは知っておきたい「税金」のしくみとルール【改訂新版7版】』（フォレスト出版）、『知らないとヤバい「原価」と「黒字」の法則』（日本実業出版社）ほか多数。

「給与明細《きゅうよめいさい》」のカラクリ

青春新書
INTELLIGENCE

2021年8月15日　第1刷

著　者　梅《うめ》田《だ》泰《やす》宏《ひろ》

発行者　小澤源太郎

責任編集　株式会社プライム涌光

電話　編集部　03(3203)2850

発行所　東京都新宿区若松町12番1号 〒162-0056　株式会社青春出版社

電話　営業部　03(3207)1916　振替番号　00190-7-98602

印刷・中央精版印刷　製本・ナショナル製本

ISBN978-4-413-04629-9